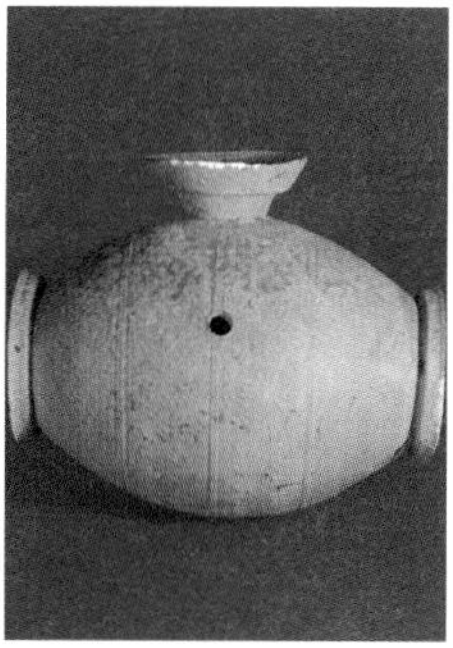

シリーズ「遺跡を学ぶ」
028

泉北丘陵に広がる須恵器窯

陶邑遺跡群〈改訂版〉

中村 浩

新泉社

泉北丘陵に広がる須恵器窯
―陶邑遺跡群〈改訂版〉―

中村　浩

【目次】

編集委員
勅使河原彰（代表）
小野　昭
小野　正敏
石川日出志
小澤　毅
佐々木憲一

装　幀　新谷雅宣
本文図版　松澤利絵

第1章　古墳研究の現場にて

1　年代を計るものさし

須恵器と陶邑

古墳時代後半に、朝鮮半島から伝播した新しい製陶技術で作られた「やきもの」が須恵器《すえき》である。このやきものは、従来の縄文土器以来の伝統的な土器ではなく、まったく新しい技術、手法で作り出された陶質土器《とうしつどき》で、日本で最初に本格的な生産が開始されたのが、大阪府南部の泉北《せんぼく》丘陵であった（図1）。ここには少なくとも五〇〇基以上の須恵器窯跡《ようせき》が分布し（陶邑《すえむら》遺跡群）、時期的にも五世紀から一〇世紀の半ば頃まで、連綿とその生産が続けられていた。その陶邑窯での生産が長期間連続していたということは、この時代の年代を計る「ものさし」、言い換えれば「基準」として、陶邑から出土した須恵器の編年が有効だということである。すでに森浩一、田辺昭三、筆者らによって型式編年が示され、数十年が経過している。

須恵器編年の有効性

全国各地、北海道から九州まで、古墳時代以降の古墳をはじめ、集落などの各遺跡からは、須恵器が出土することが多い。このため須恵器の年代から遺跡の時代を推定する方法が広く用いられている。

　たとえば、大阪府高槻市に阿《あ》武《ぶ》山《やま》古墳という後期末葉の古墳がある（**図2**）。旧聞に属するが、この古墳はかつて一九三四年（昭和九）四月に発見された後、京都大学によって調査され、その後埋め戻されていた。それが一九八一年にいたって、当時のX線フィルムが保存されていたことがわかってから、テレビ

図１●現在の泉北丘陵
手前の山側にはかつての丘陵のおもかげが残っているが、陶邑遺跡群のある前方の丘陵一帯は一大ニュータウンとなっている。

局のとり上げるところとなり、藤原鎌足《かまたり》の墳墓ということで全国的に注目を集めた。これに前後して地元の大阪府、高槻市教育委員会では、一九八二年に古墳保存のため、範囲と遺構の状況確認の調査がおこなわれた。

筆者は、出土須恵器の検討から「阿武山古墳の被葬者」という小文をまとめたことがある。それは、阿武山古墳の被葬者が誰であってもかまわないのだが、須恵器の型式編年からみると、藤原鎌足にはならないのではないかという趣旨のものであった。

型式編年の詳細については第5章にくわしく記述するので、それを参照していただきたいが、阿武山古墳出土の須恵器は、古墳の周囲に設置された周濠からの検出であった。それらのうち蓋杯《ふたつき》は焼成《しょうせい》が甘く軟質なもので、形態的にも大きな特徴のある時期のものであった（**図3**）。

この形態のものは、編年上、Ⅱ型式6段階と分類しているものである。Ⅲ型式段階とは大きく形態が変化することから、これらの形態、時期を見誤ることはよほどのことがないかぎりない。すなわち、この型式段階は、七世紀第2四半期（六二五―六五〇年）以前とする年代の範疇でとらえられるべきものである。これは飛鳥《あすか》地域の調査の成果と比較しても妥当な年代観である。

図2 ● 阿武山古墳
阿武山の中腹、標高約210mの尾根上にある。
中央の木立の下が墓室。

ところが、阿武山古墳の被葬者としてとりざたされている藤原鎌足が死去した年代は六六九年であり、そこに微妙な時期的な齟齬《そご》が生じる。また、古墳そのものは生前に構築されたと考えても、須恵器の出土位置が墓前祭祀に供された可能性を示す部分からで、被葬者の埋葬以前の墓前祭祀が存在したとすれば別であるが……。さらに、須恵器が伝世、すなわち作られた年代から少し間隔をおいて使用されたとすることも考えられなくもないが、あえて焼成不良の製品を用いていることから、その可能性も少ない。

『日本書紀』天智天皇八年（六六九）一〇月一六日条に、鎌足が五六歳で死去したことが記録され、『家伝』などの文献史料からも、鎌足は死後、山階《やましな》の地に埋葬され、後に大和《やまと》多武峰《とうのみね》に改葬されたとあり、鎌足の墓という説のある高槻（三島）の阿武山の名はみられない。また、高槻に隣接する茨木《いばらき》市安威山《あいやま》には鎌足の墳墓とする伝をもつ古墳がみられる。ほかに副葬品の問題もあり、阿武山と鎌足の関係はきわめて薄いといわざるをえないのである。

阿武山古墳の被葬者は、その構造や副葬品の豪華さから、

図３●阿武山古墳出土の蓋杯
時期は、杯身のたちあがりが消失する直前のⅡ型式６段階の特徴がみられる。
色調などから、焼成不良の生焼け状態であることがわかる。

有力豪族の一員であったことは疑えないが、少なくとも鎌足ではないと考えられたのである。

ここに示したのは、年代を計るものさしとして須恵器を利用した一例であるが、考古学では年代の重要なよりどころとして、陶邑編年は現在も広く利用されているのである。

2 さまざまな須恵器

須恵器は古墳時代の新しいやきもの

須恵器はやきものであるが、厳密には陶質土器という区分に属する。やきものは、その焼成温度や材料、あるいは窯の有無などによって異なる。

まず焼成温度では、もっとも低い温度で焼けるのが土器で、八〇〇度（摂氏、以下同）前後、つぎに陶質土器の一一〇〇度前後、そのつぎに陶器で一二〇〇度前後、磁器は一二五〇度以上とされている。材料では、土器から陶器までが粘土であるのに対し、磁器は陶石である。また焼成温度の状況から、土器では窯を必要としないのに対し、陶質土器からは必要とする。それは前者が酸化焔焼成《さんかえん》であるのに対し、後者の多くが還元焔焼成《かんげんえん》であることによる。

以上、定義的なことを記述してきたが、それぞれの区分に入るやきものについては、土器は縄文土器、弥生土器、土師器《はじき》、かわらけ、瓦器《がき》などであり、陶質土器は須恵器、陶器は瀬戸《せと》と美濃《みの》、丹波《たんば》、知多《ちた》、常滑《とこなめ》、信楽《しがらき》、備前《びぜん》などがある。これらのうち備前は、陶器からさらに焼け締まった炻器《せっき》と分類されることもある。磁器には有田《ありた》（伊万里《いまり》）、唐津《からつ》、清水《きよみず》などがある。

須恵器は朝鮮半島から古墳時代の五世紀半ば頃に、その技術を携えた工人の渡来によって伝えられた新しいやきものである。従来の弥生土器の技術的系譜に連なる土師器が同時期に存在していたが、それらを駆逐することなく、須恵器は当時の社会に受け入れられていった。その背景には両者のやきものの用途のすみわけが存在した。

土師器は保水性には難があるが、逆に耐熱性という点では優れている。一方、須恵器は、保水性では優れているが、耐熱性では難があるという性格の差がある。本来、器には、モノを盛る供膳、モノを貯蔵する貯蔵、モノを煮炊きする煮沸という機能が求められる。すべての機能が同じ器に備わっていれば問題ないが、そのような器は存在しない。したがって、それぞれの優れた機能をもって利用する状況が生じたのである。

貯蔵用の須恵器

甕（図4）　初期の段階ではもっとも多く生産された器種である。それは、須恵器に求められた主たる用途が貯蔵であったからにほかならない。

当初の甕《かめ》は中型よりも大型のものが多くみられたようだが、やがて時期の下降にともなって小型

図4●把手付甕
肩にみられる4つの把手は、蓋を固定するための紐を通したと考えられるもので、吊すためのものではない（Ｉ型式2－3段階、5世紀）。

化していく。小型化したものは、甕という分類ではなく、広口壺《ひろくちつぼ》などの壺や鉢《はち》へ転換していったとみられる。体部の肩に把手をともなうものは、これに紐を通して蓋を固定したと考えられる。なおこれに紐を通して担ぎ上げることはとうていできない。

時期的な変化については後にふれるが、口縁部の形状や文様の変化、さらには胴が少々長くなる傾向がうかがえるようである。

壺（**図5**）　甕と同様、貯蔵用の容器として使用されたが、小型のものは供膳用と考えられる。しかし大小さまざまなものがあり、法量の差によっておそらく名称も異なっていたと思われる。頸部《けいぶ》がみられることが甕との形状差だが、その形態から長頸《ちょうけい》、短頸《たんけい》、直口《ちょっこう》、広口と区分される。時期的な変化によっても微妙に形状が異なるものが多い。

図5●長頸壺
口縁部に注口の切り込みがみられる壺で、この形状は比較的例が少ない。焼成不良で、生焼け状態である（Ⅲ型式1－2段階、7世紀）。

供膳用の須恵器

蓋杯（**図6**）　蓋と杯身《つきみ》から構成される合子《ごうす》状の器種である。須恵器の登場以来、その消滅の直前まで存在する。用途は供膳用で、古墳の主体部から出土することが多い。

杯身の上部にある蓋受けとなる「たちあがり」の形状の変化や、蓋の各所にみられる特徴、あるいは全体のプロポーションなどから時期の変化を読みとることができる。とくに時期的な変化や工人差などがあらわれやすい器種で、須恵器編年の基準にすえられている。Ⅱ型式からⅢ型式への変化過程で蓋と杯身が逆転する。さらにⅤ型式2段階では、蓋がみられなくなり、杯身（椀）のみとなる。

高杯（図7）　高杯《たかつき》は、杯の底部に脚台を付した形状のものである。蓋をともなう有蓋《ゆうがい》高杯

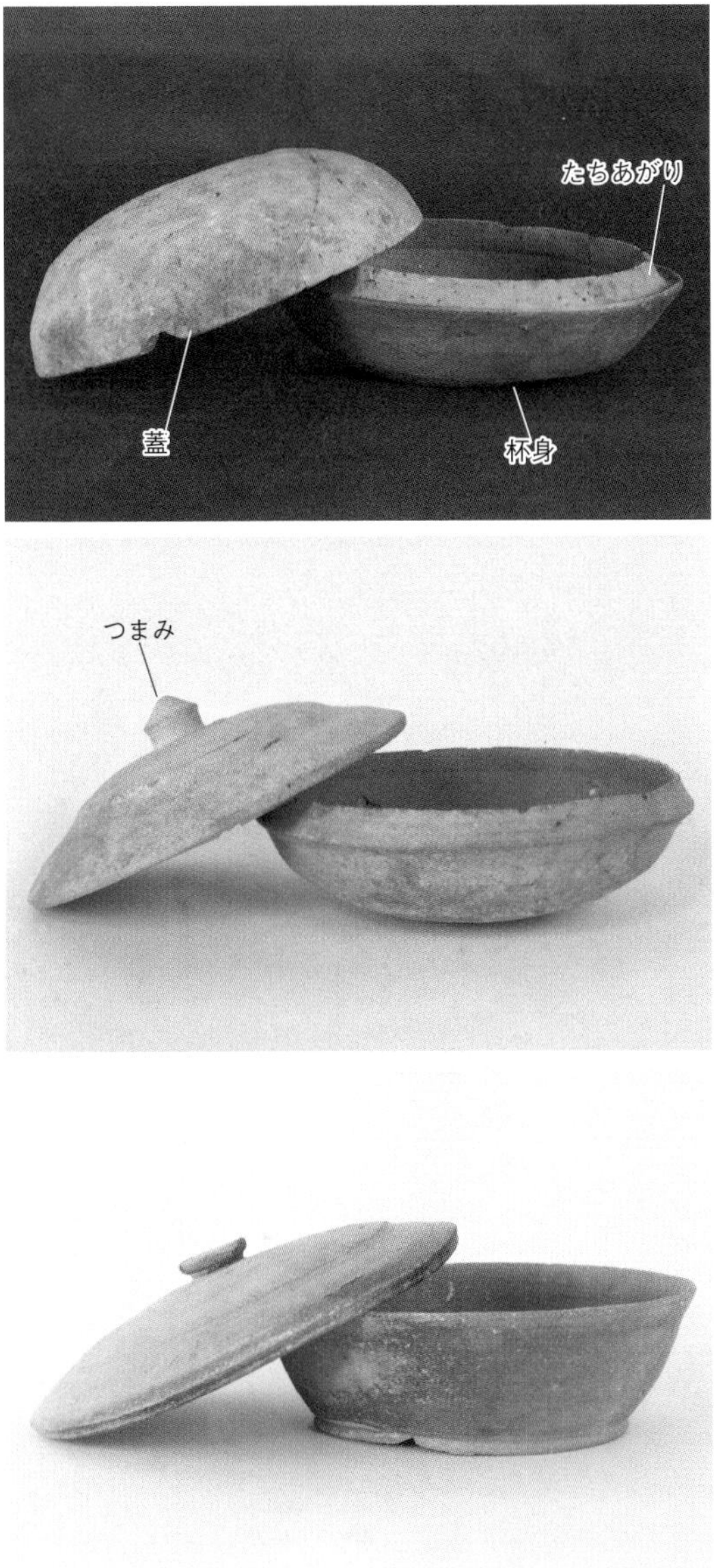

図6 ● **蓋杯**
上：Ⅱ型式4段階、6世紀後半－7世紀。
中：杯身はⅡ型式6段階、
蓋はⅢ型式1段階、7世紀前半。
下：Ⅳ型式1段階、7世紀－8世紀前半。

と蓋をともなわない無蓋《むがい》高杯とがある。
初期須恵器の段階から両者が並存する。規模の大小もみられ、Ⅰ型式では大型の無蓋高杯がみられ、Ⅱ型式初期段階まで続く。さらに後の段階には杯部が皿状の高杯が登場する。なお有蓋高杯はⅠ・Ⅱ型式の各段階にみられるが、Ⅲ型式ではみられなくなる。なお、これらにともなう蓋の天井部中央にはつまみを認める。

器台（図8）　器台《きだい》は朝鮮半島から伝播した形態が日本に定着したもので、初期段階では、半島出土例との区別が難しい。

図7 ● 無蓋高杯（Ⅰ型式2段階、5世紀後半）

図8 ● 高杯型器台（Ⅰ型式3段階、5世紀後半）

形状には筒型と高杯型の二者がみられる。高槻市の岡本山《おかもとやま》古墳などでは、高杯型器台の台部に壺をおいた状態で出土している。最上部に壺を接合した形状の筒型器台があるが、その起源は個別の器種の組み合わせであろう。

また、六世紀になると台付長頸壺が登場する。これも同様に個別器種の組み合わせから発展した可能性がある。なお初期段階では、外面の文様に鋸歯文《きょしもん》や組紐文《くみひももん》などの文様がみられる。やがて多数の同形の蓋杯などをともなった装飾付き（子持《こも》ち）器台が登場する。

𤭯（図９）　𤭯《はそう》は、壺の体部の一方に小さな穴をうがった特異な形態の壺である。小型壺様のものと樽型あるいは俵型をなすものとがあるが、後者は初期段階にみられ、六世紀にはほとんど姿を消す。前者は初期段階から七世紀まで、形状の変化はみられるが、器種として存続する。

瓶（図10・11）　瓶《へい》は、壺の一種とみてよい器種である。提瓶《ていへい》（図10）は扁平な太鼓状の体部の側面に口縁部をともなう水筒のような形状をなす。五世紀段階から作られていたようで、熊本県の江田船山《えたふなやま》古墳出土例はその初期の例である。大型のものも生産されており、とうてい水筒のよう

図９●**樽型𤭯**（Ⅰ型式１段階、５世紀前半）

に持ち運びが容易とは思えないものもある。

一方、平瓶《へいへい》（図11）は、平らな円柱形に近い体部の上面の一方に口縁部をともなうもので、一見、尿瓶《しびん》のようにみえるが、用途は異なる。古墳からの出土が多いが、住居跡や官衙遺跡でもみられる。また平瓶は八世紀に入っても生産が続いている。このほか横瓶もある。

図10 ● **提瓶**（Ⅱ型式1－2段階、6世紀前半）
古式のものは肩の把手が大きく輪状をなす。やがて鍵状、ボタン状となり、姿を消す。

図11 ● **平瓶**（Ⅱ型式1－2段階、6世紀前半）
提瓶と同様に、時期が下るとともに肩の把手が変化していく。

煮沸用の須恵器

甑（**図12**）　甑《こしき》は、鍋から出る湯気によって穀物などを蒸すために用いられた。鍋にかけられるため、側面に把手を貼付している。また底部は湯気の通りをよくするために孔がうがたれている。これによって「炊く、煮る」に「蒸す」という新しい調理法が加わった。

鍋　炉にかけて湯を沸かすために使用された。内部に甑を重ねて蒸す調理や内部に食材を入れて煮炊きすることもできた。直接火に当たるため、須恵器であっても硬質なものは少ない。主として土師器にみられるが、初期段階では須恵器とともに伝播したため窯跡からも出土する。

その他の用途

このほか須恵器にはさまざまな器種がみられる。とくに造形的に比較的成形が容易であったことから、ガラス製品、金属製品、石製品などの代用（模倣）品も多く作られている。硯《すずり》や水瓶《すいびょう》はその典型であろう。

このほか、一時的に蛸壺《たこつぼ》や錘《おもり》のような漁撈具、あるいは紡錘車《ぼうすいしゃ》、陶棺《とうかん》（図13）などもみられるが、長期間にわたって生産されたものは少ない。

図12 ● 甑
須恵器だが、焼成度合いは甘く軟質に近い。
須恵器の伝播とともに、わが国に伝わった。

図13 ● 陶棺
この遺物は、古墳ではなく窯跡から出土したもの。
棺本体は出土せず、推定復元である。

3　重要文化財に指定された陶邑出土品

二〇〇五年三月一九日の朝刊各紙には、三月一八日の文化審議会文化財部会で国宝、重要文化財指定を文部科学大臣に答申した旨の記事が載せられた。とくに重要文化財に指定すべきと答申のあった考古資料のなかに、大阪府陶邑窯跡群出土品という文言がみられた。

記事は大きな扱いではなかったので、見落とした方も多いかもしれないが、大阪府教育委員会文化財調査事務所のホームページによると、出土品の数量と内訳はつぎのようである。

名　称　大阪府陶邑窯跡群出土品（二五八五点）
　須恵器　二五七二点
　窯道具類　三点
　瓦類　一〇点
所有者　大阪府（大阪府立泉北考古資料館保管〈現在、堺市博物館保管〉）
時　代　古墳時代〜平安時代

ホームページではこのほか陶邑窯跡群の調査、報告書、大阪府立泉北考古資料館についての説明があり、本例が大阪府所蔵の考古資料のうち、重要文化財に指定された初めてのものであることを記述している。なお本書では、窯跡周辺の集落・工房・流通の遺跡もふくめて考察するので「窯跡群」ではなく「遺跡群」とした。

いずれにしても、須恵器二六〇〇点近くが一括で重要文化財に指定されるということは画期的なことである。もちろん江田船山古墳出土遺物は一括で国宝に指定されており、当然そこから出土した須恵器三点は国宝に指定されている。しかし、それらは須恵器そのもののみで指定されたのではなく、他の遺物がとくに重要であるという性格からの指定でもあった。すなわち須恵器が、そのほかの遺物の力をまったく借りずに指定されたということが重要なのである。

しかも、それらの須恵器すべてが完全な形のものばかりではなく、破片を接合し石膏復元したものや、破片のままのものも含まれているというのも、この時に指定された須恵器の大きな特徴である。もちろんそれらはたとえ細かな破片であっても、学術資料としては貴重な文化財であることには変わりはないのである。

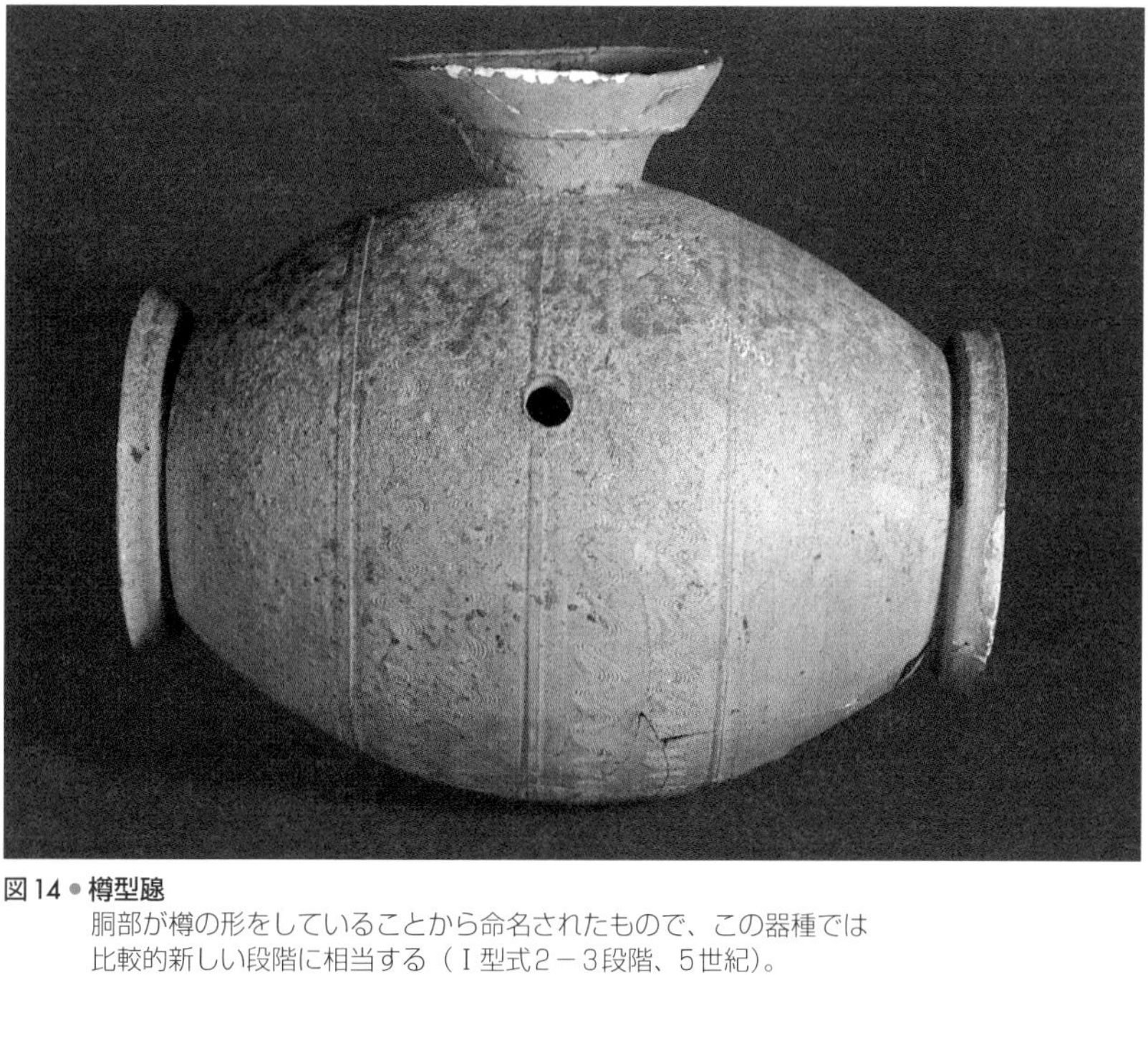

図14 ● **樽型𤭯**
胴部が樽の形をしていることから命名されたもので、この器種では比較的新しい段階に相当する（Ⅰ型式2－3段階、5世紀）。

第2章　陶邑遺跡群の発掘

1　泉北ニュータウンの造成

陶邑遺跡群は、大阪府の南にある堺市の南端部に広がる泉北丘陵上に位置する（図15）。現在、この丘陵部分は大きく開発され、二〇〇五年五月現在、泉北ニュータウンとしては人口一四万四三二一人の住む街になっている。

このニュータウン建設にともなう造成工事と、その前におこなわれた堺臨海工業地帯の埋め立て造成工事にともなう土砂採取によって、丘陵の地形は大きく変貌してきた。

現在では、大阪南部の中心、難波《なんば》から泉北高速鉄道が直接この泉北ニュータウンの和泉《いずみ》中央駅まで乗り入れ、また阪和《はんわ》高速道路をはじめ道路整備も十分におこなわれ便利になった。

かつての泉ヶ丘《いずみがおか》丘陵は、泉北高速鉄道泉ヶ丘駅を中心に、宮山台《みややまだい》、三原台《みはらだい》、茶山台《ちゃやまだい》、竹城台《たけしろだい》、南に若松台《わかまつだい》、晴美台《はるみだい》、槇塚台《まきづかだい》の各住宅地となっている。栂《とが》丘陵は、栂・美木多《みきた》駅を中心にして、

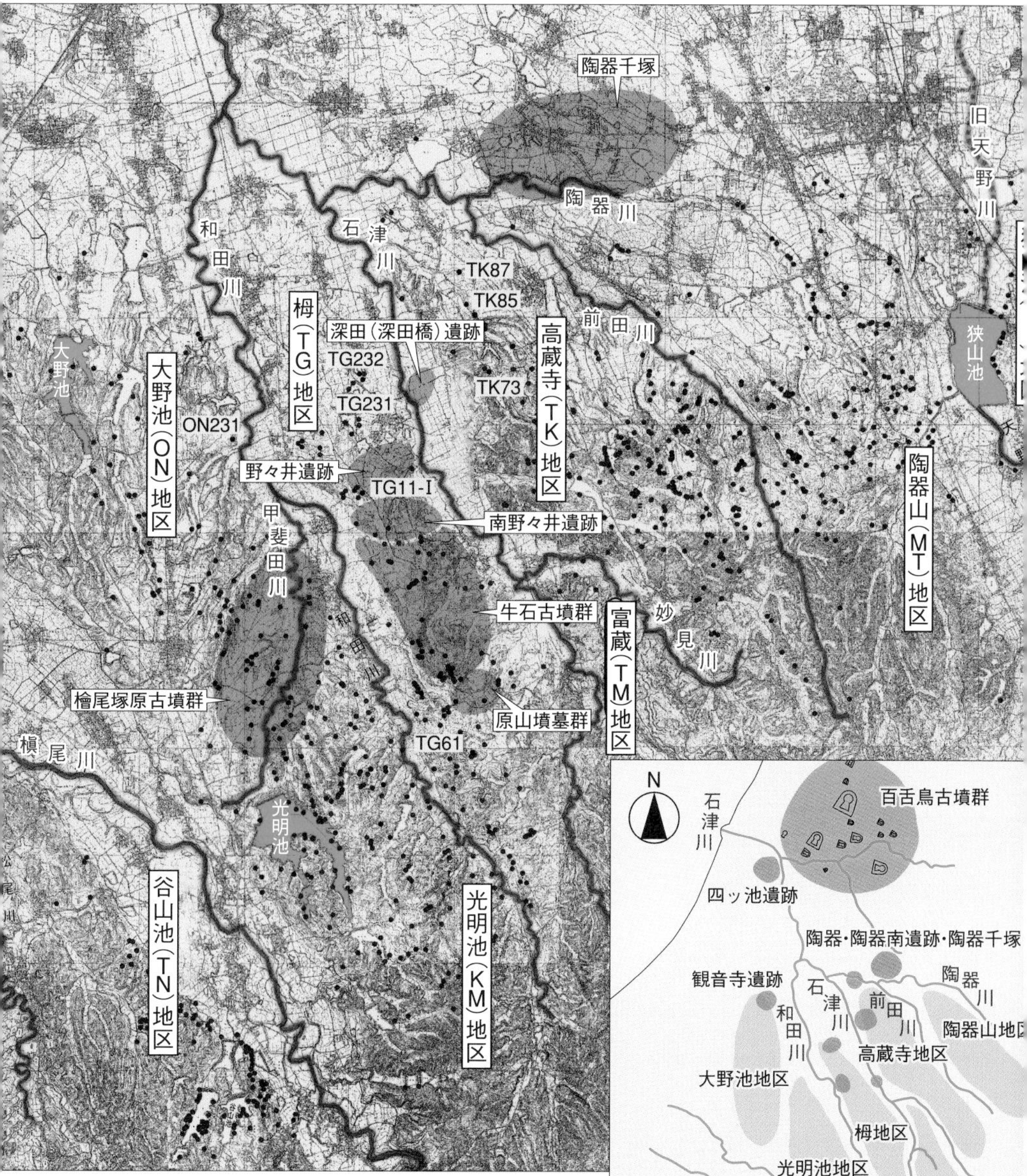

図 15 ● 陶邑遺跡群の分布
丘陵部と谷部から構成される泉北地区は、複雑に入り込んだ自然地形を構成している。
とくに石津川とその支流によって、窯跡の地区区分がおこなわれている。

桃山台《ももやまだい》、原山台《はらやまだい》、庭城台《にわしろだい》などの住宅地に、さらに光明池《こうみょういけ》丘陵は、光明池駅を中心に新檜尾台《しんひのおだい》、赤坂台《あかさかだい》、光明台などの住宅地となっている。

かつての細く低い松林が続く荒涼とした丘陵の旧状（図16）を知る者にとっては、あまりの変貌ぶりにただただ驚嘆するのみで言葉がでない。しかし、それぞれ住宅地として造成されて一見旧状はまったく失われ、地形には大きな変化がみられるものの、かつての泉ヶ丘、栂、光明池の丘陵の位置関係に変わりはない。

2　生産遺跡への着目

須恵器自体から窯跡へ

須恵器という遺物が注目され、かつその生産遺跡である窯跡群が研究の俎上《そじょう》にのせられたのは、戦後、昭和三〇年代以降のことである。考古学の歴史に比較して、時代的にもきわめて新しいといわざるをえない。

すなわち、縄文時代や弥生時代の遺跡や遺物が注目を集め、頻繁に研究がおこなわれていた明治・大正頃の考古学界では、須恵器とその生産遺跡に対する関心は、一部の研究者以外にはほとんどなかったといっても過言ではない。また関心の一部が歴史時代に集まっても、それらは墳墓や祭祀という分野であり、生産分野の研究は遅々として進まなかったともいえよう。

やがて本格的に須恵器とその生産遺跡である窯跡にも研究の手がのび今日に至っているが、

長い考古学の研究史のなかでは比較的短い歴史といえる領域である。

須恵器の研究は、遺物そのものを対象としたものと、窯跡などの遺構を含んだものとがある。前者は遺物論、とくに型式編年を主体とする年代論が中心となるもので、後者は須恵器生産という側面からの研究が主体となっている。両者の研究にとって陶邑遺跡群出土須恵器が、いずれも重要な位置を占めている。

ところで陶邑窯が史料にみえるのは、元禄一三年（一七〇〇）刊行の『泉《せん》州《しゅう》誌《し》』や享和元年（一八〇一）刊行の『和泉名所図会《いずみめいしょずえ》』などの文献に、上古のやきものが出土することが散見しており、すでに窯の存在が推定されていたといえる。しかし、考古学的な関

図16●ニュータウン造成前の泉北丘陵の風景
標高が低く幅の狭い丘陵が続き、そこには松や灌木が生い茂っていた。
耕地や平坦地は少なく、集落としては適地ではなかった。

心は、かなり後の時期まで育まれなかった。

やがて森浩一、横山浩一、田辺昭三らによって、窯跡の踏査や調査がおこなわれた段階以降、研究活動も本格化していった。とくに森浩一「和泉・河内窯出土の須恵器編年」『世界陶磁全集』一（一九五八年）は、この地域の出土須恵器を資料としたもので画期的なものであった。それは、従来は消費地である古墳から出土した資料を中心に型式編年がおこなわれていたのが、生産地である窯出土資料で作業をおこなったまったく新しい編年であった。

つぎに、田辺昭三『陶邑古窯址群Ⅰ』（一九六六年）は、ニュータウン造成にともなう調査報告の第一冊目であった。このなかで窯跡の分布論、遺構論、さらに須恵器の型式編年の提示をおこない、以来この研究がわが国の須恵器研究に大きな影響を与えた。その後、田辺氏は、一九八一年に『須恵器大成』を刊行し、先の報告に続く調査報告と、型式編年に一部修正と全国的な須恵器資料を加え発表した。

丘陵の開発と調査のはじまり

陶邑地域の遺跡の調査は、一九六一年から本格的に開始された。丘陵全域にわたる遺跡分布図が作成され、一部の窯が発掘調査された。これ以前にも、丘陵部分全域についての分布調査や一部窯跡についての発掘調査がおこなわれていたが、遺跡分布の全容を把握するには至っていなかった。

この調査によって、窯跡、遺物散布地、城跡、寺社遺跡などの位置が正確に記録され、以後の調査の基礎となった。この調査には、関西の大学に在籍する考古学者が数多く参加し、以後の調査にも多くの方々が関係された。

丘陵部分の開発は、大阪北部の千里ニュータウンを開発した実績のある大阪府企業局が担当し、まず東側部分の泉ヶ丘地区から開始され、とくに北部の宮山台地域の造成が最初に着手され、完成している。一九六九年度以降、開発工事は住宅の不足と、おりからの高度経済成長の進展もあって、造成工事のスピードが大幅に加速された（図17）。

やがて調査対象は、泉ヶ丘地区から西側の栂地区、さらに西方域の光明池地区へと拡大していった。また調査対象となる遺跡も、窯跡が中心ではあったが、これに関連する住居遺構や工房関連、古墳や墳墓、寺院、城跡など多種多様な遺跡の調査が増加していった。いわば点から面への調査展開がおこなわれていったのである。

図17 ● 泉北ニュータウンの造成工事
とくに1969年度以降、高度経済成長のなかで急ピッチで進められた。

3　広大な遺跡の分布

自然地形によって区分された六つの地区

泉北丘陵地域の発掘調査は一九六五年から本格的に開始され、一九七八年に大半の調査を完了した。その後も建設造成計画の変更などにともなって調査がおこなわれてきたが、その多くは七八年に終えており、窯跡の分布や性格の変更などはごく一部を除いてほとんどない。とくに初期段階で調査を指揮された田辺昭三氏らによって、丘陵部分の詳細な分布調査がおこなわれ、その区分についても変更すべき点は少ない。

大きな区分としては、丘陵尾根および谷という自然地形によって、合計六地区に区分された。その六地区とは、陶器山《とうきやま》、高蔵寺《たかくらでら》、栂《とが》、大野池《おおのいけ》、光明池《こうみょういけ》、谷山池《たにやまいけ》である（**図15参照**）。別に、富蔵《とみくら》地区、狭山池《さやまいけ》地区などがある。

陶器山地区

陶器山地区（略号ＭＴ）は、東を狭山池《さやまいけ》に注ぐ天野川《あまのがわ》、西を石津川《いしづがわ》の支流である前田川にはさまれた丘陵地域に分布する窯跡群である。

これら分布遺跡のうち、窯跡の痕跡をとどめるもの、すなわち窯体《ようたい》・灰原《はいばら》（失敗品の廃棄場所）の確認によって確実に窯跡であることが判明しているものが八七基、窯壁《ようへき》や須恵器の散布によって窯跡の可能性が指摘されたものが二七基で、合計一一四基の窯跡が所在していたと考えられる。

このうち時期の明らかなものは七五基で、複数の時期におよぶものが一二基あり、これらを各一基として数えると合計八七基となる。時期的な内訳は、五世紀の窯跡（図18）が一一基、六世紀が三八基、七世紀が一二基、八世紀が一五基、九世紀以降が一一基を数える。また、窯の大半が丘陵斜面を利用して構築された登窯《のぼりがま》であるが、一部丘陵斜面を水平にくりぬいた平窯《ひらがま》構造のものが四基確認されている。

陶器山地区で発掘調査された窯跡は四七基で、他の窯跡は本格調査を経ない段階で未調査のまま破壊された。ごく一部が保存の対象となっている。

丘陵部では、窯跡のほかの遺構は検出されておらず、生産者の居住地域は大阪狭山市側の西側地域、さらに北部地域の陶器山地区に求められる。とくに陶器山地区には陶器《とうき》千塚《せんづか》古墳群や陶器《とうき》南《みなみ》遺跡などが所在しており、須恵器生産者との関連が注目されている。

図18 ● 陶器山地区の５世紀の窯跡
初期のもので、丘陵斜面を利用して構築された登窯である（MT203－Ⅱ号窯跡）。

高蔵寺地区

高蔵寺地区（略号ＴＫ）は、陶器山地区の西に隣接する丘陵地域である。西限を石津川本流とし、窯跡総数は一九八基に達すると考えられている。このうち窯跡と断定されるのは一五五基で、わずかな兆候や痕跡が確認されているものは四三基である。また複数の時期を含んでいるのは、これらのうち一六基であり、これらを一基として数えると、時期の明らかな窯跡は一五二基となる。

時期別にみると、五世紀のものが五五基、六世紀のもの（**図19**）が三八基、七世紀のものが一七基、八世紀のものが三九基、九世紀以降のものが三基となる。

丘陵北部には尾根部にかなり広い平坦部があり、伏尾《ふしお》遺跡や小代《こだい》古墳群などの集落遺跡、古墳群などが確認されている。このほか『行基年譜《ぎょうきねんぷ》』（一一七五年）にみられる奈良時代創建とみられる高倉寺《たかくらでら》も位置する。

なお、この地区の西北部は、昭和三〇年代から堺臨海工業地帯埋め立て造成のための土砂採取が頻繁におこなわれた。陶器山地区とともに本格的調査の着手が遅れた地域の一つで、窯跡をふくめて相当数の遺跡が未調査のまま失われた。

栂地区

栂地区（略号ＴＧ）は、石津川本流をはさんで高蔵寺地区に接しており、西限を石津川支流の和田川とする比較的幅の狭い丘陵地域に窯跡と古墳群などが所在する地域である。窯跡の分布総数は、一二二基と考えられており、うち確実に窯跡と判別されるのは九七基で、その兆候や痕跡がみられたものは二五基である。

時期の明らかになっている窯跡は、九四基である。また複数の時期におよんでいるものが二五基みられ、これらを一基として数えると、時期の明らかな窯跡は総数一一八基となる。時期的な内訳は、五世紀のものが二二基（**図20**）、六世紀のものが三八基、七世紀のものが三六基、八世紀のものが二二基、九世紀以降のものは確認されていない。

なお、当該地区の北部地域で最古段階とみられる大庭寺《おばでら》窯跡（TG231・232号窯跡）が検出された。さらに北部地域の尾根上には野々井《ののい》遺跡、南野々井遺跡をはじめとする集落遺跡がみられる。

大野池地区

大野池地区（略号ON）は、東限を栂地区の西

図19 ● **高蔵寺地区の6世紀の窯跡**
窯体の幅が広く焚口から奥壁部まで一定しているのが特徴で、
奥壁部分に独特な設備をともなう窯跡である（TK41号窯跡）。

端の和田川とし、西限を槇尾川《まきおがわ》、南限を光明池地区の北限でもある和田川の支流、甲斐田川《かいだがわ》とする丘陵地域である。北部は信太《しのだ》丘陵地域までおよぶと考えられる。

分布調査で確認されている窯跡は総数八六基で、うち確実に窯跡と判断されるものは七二基、さらに兆候や痕跡がみられるものは一四基である。これらのうち時期の明らかなものは三五基であり、複数の時期におよぶものが二基あり、これらを一基として計数すると三七基となる。時期別の内訳は、五世紀の窯跡が三一基、六世紀のものが二基、七世紀のものが二基、八世紀のものが二基で、九世紀以降は認められない。

光明池地区

光明池地区（略号ＫＭ）は、北限を大

図20 ● 栂地区での窯跡発掘の様子
陶邑遺跡群では、栂地区でとくにこのように多数の窯跡が同じ場所に構築された例が多く確認されている。時期的には一部に重複期間があるが、同時の操業はみられない場合が多い。左からTG43－Ⅰ・Ⅱ・Ⅲ・Ⅳ号窯跡（5世紀）。

野池地区とし、東限を栂地区の西端である和田川とする範囲の丘陵部分である。窯跡の分布傾向は比較的新しい時期のものが多いといえる地区であり、総数は一四五基に達する。このうち明らかに窯跡と断定されるのは一二一基であり、兆候や痕跡のみられるものは二四基である。

　時期の明らかなものは七三基で、複数の時期におよぶものが二〇基あり、これらを一基として数えると一〇〇基となる。その内訳は、五世紀のものが一四基、六世紀のものが二一基、七世紀のものが二三基、八世紀のものが四一基、九世紀以降のものが一基となる。また窯体構造からみると、大半は登窯であるが、一部に平窯がみられる。

谷山池地区

谷山池地区（略号ＴＮ）は、東限を槇尾川とし、西限は岸和田市域にまでおよんでおり、いわゆる池田谷とよばれる地域が中心となる。この地区の窯跡分布数は八九基とされていたが、本格調査の結果七四基であった。

　時期的にみれば、生産開始年代が六世紀に入ってからであり、陶邑地域内ではもっとも遅れた地域である。時期の判明している窯跡は五四基で、内訳は六世紀のものが一九基、七世紀のものが一〇基、八世紀のものは二五基となる。

　池田谷の本格的な開発は須恵器生産が開始されてからおこなわれたようで、窯跡のほかの遺跡に、万町北《まんちょうきた》遺跡や和泉向代《いずみむかいしろ》古墳群などが所在する。また当該地区の南西部に、貝塚市海岸《かいがん》寺山《じやま》窯跡群が位置する。

第3章　陶邑遺跡群の構成

1　窯跡の分布

窯の痕跡

須恵器を生産するには、焼く窯が必要である。この窯は須恵器を焼くために内部の温度が一〇〇〇度を超えるため、壁面は青く焼けしまり、周囲も赤く焼けている。この痕跡が明瞭に地面に残されることから、窯跡の確認は比較的容易である。

もちろん、それは表面に部分的にせよ露出している場合のことであって、まったく地上に痕跡が出ていないこともある。すなわちトンネル式の構造をもち、深い地下に構築されている場合には発見が困難である。

ただし窯の場合は、そこでの燃料の残りかすや生産物の失敗品、すなわち焼き損じの須恵器が捨てられているのが普通である。この部分を灰原あるいはステ場とよんでいる（図21）。この個所が表面観察で確認されることが多いこともあり、先の焼け土の観察と併用すれば、確認しやすい遺跡といえる。

ここでは、窯の分布について時期的に変化がどのようにみられるのかを中心にみることにする。

泉ヶ丘丘陵、栂丘陵、光明池丘陵

陶邑遺跡群は、丘陵、谷という自然地形から地区区分がおこなわれている。

まず大きくは東から、泉ヶ丘丘陵、栂丘陵、光明池丘陵が南北に広がっている。各地区ごとに原則として確認順に○○地区1号窯、2号窯としているが、必ずしも北側からの順とはなっていない。

かつては美木多○○号窯、福泉《ふくせん》○○窯というように、地域の地名から付された遺跡名が用いられていたこともあったが、本格的調査の段階からは現在の地区呼称と番号に統一された。また一部混乱して使用されていたこともあったが、遺物整理の段階では

図21 ● 灰原の調査風景
縦方向に3本の塀のようにみえるのは灰原の堆積層位を観察するために残したセクション。右側奥には出土した膨大な遺物が積み上げられている。陶器山（MT）206－209号窯跡の灰原。

ほぼ統一された呼称で作業が進められた。

さて窯の分布状況について、栂地区に限定してその状況を説明してみる。なお他の地区でもほぼ同じような状況や傾向がみられると考えて大過ない。

栂（TG）地区の窯分布の状況

栂地区の窯跡の分布は栂丘陵全域に広がっている。丘陵の自然地形をみてみよう（図22）。南北に長い丘陵には多くの谷が入り込んでいる。それらは北部では東側、あるいは西側に開口するものがみられるが、中部域から南ではいずれも東側方向に開口する。丘陵を分断する形で位置する谷は、北から上《に》神池谷《わいけだに》、黒風呂谷《くろぶろたに》、田《た》ノ口《くち》谷、小池谷《おいけだに》などがある。

丘陵上に窯の位置をプロットすると、前二者の谷がそれらを区分していることがわかる。こ

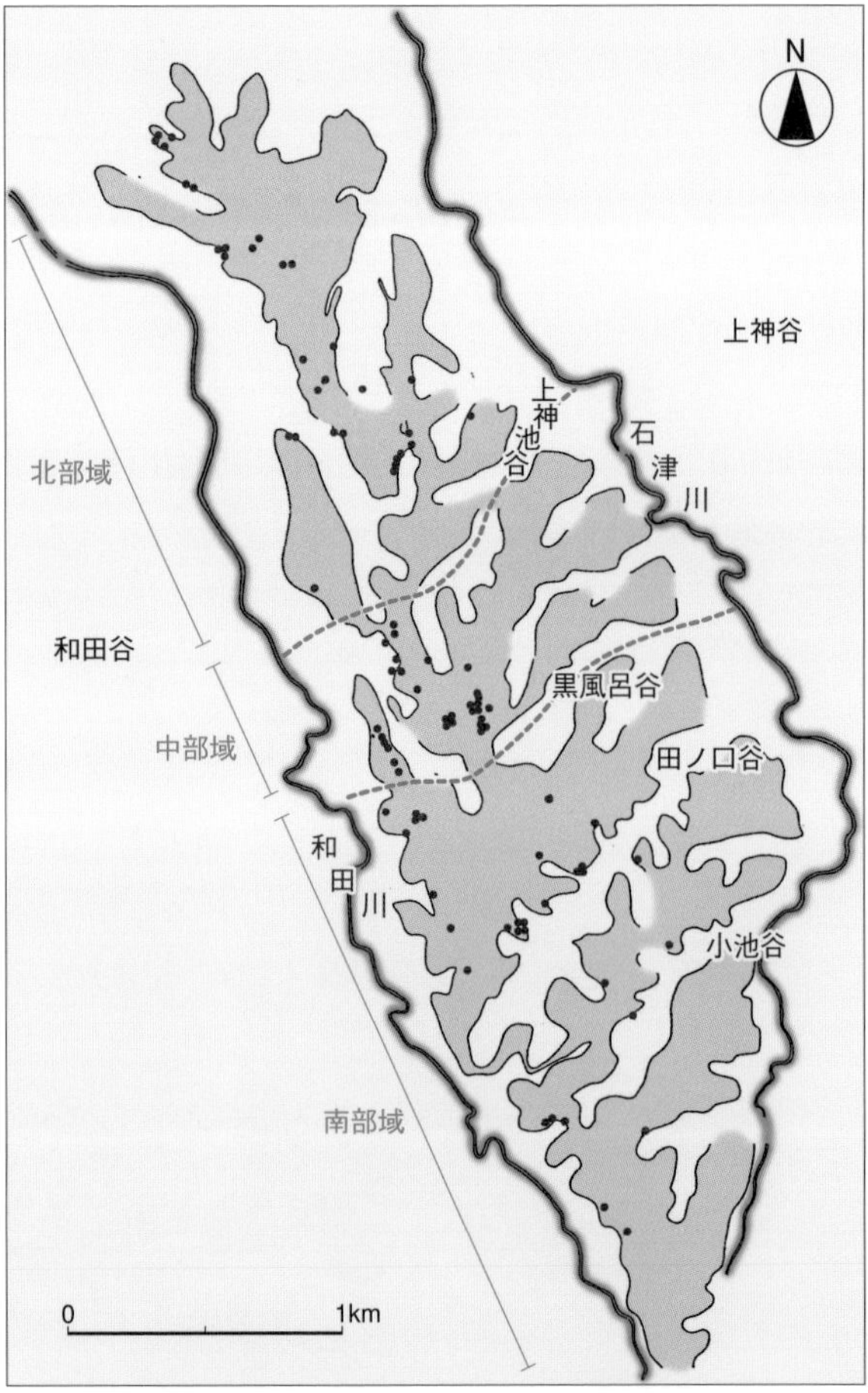

図22 ● 栂地区の窯跡の分布と地形からみた区分
図中の赤い点が窯跡。谷の開口部近くに時期的に先行する窯があり、奥に行くにしたがって新しいものになる。

の谷を境界として、北を北部域、中央を中部域、南を南部域として各々の地域に位置する窯跡をみることにする。

さらに窯の分布状況に時期的な面を加味してみると、その分布傾向がよりいっそう明らかになってくる。各々の地区には四〇～五〇基前後の分布がみられる。その位置関係については長くなるので省略するが、時期的な関係からグループ別にみると、Ⅰ・Ⅱ型式（「型式」については第5章参照）の段階では、北部、中部で分布がみられるが、南部ではほとんどみられない。Ⅲ・Ⅳ型式の段階では、各地域でⅢ型式段階のものはまとまって位置している。さらに南部域では、新しい段階の窯が多く位置しており、互いに近接していないことが指摘される。

このように栂地区では、比較的三地域にまとまった形でその分布状況が把握できる。この傾向は栂地区以外の高蔵寺、陶器山、大野池、光明池の各地区によって微妙に異なるが、少なくとも総じて谷の開口部近くに時期的に先行する窯が位置し、奥に行くにしたがって新しい時期のものになるという傾向がみられる。しかし自然地形の差異から必ずしも、この傾向のとおりには分布していないものもある。

2　窯の構造と変遷

窯の構造――登窯と平窯

窯には丘陵斜面を利用した登窯と、丘陵斜面に水平に掘り抜く平窯とがある（図23）。

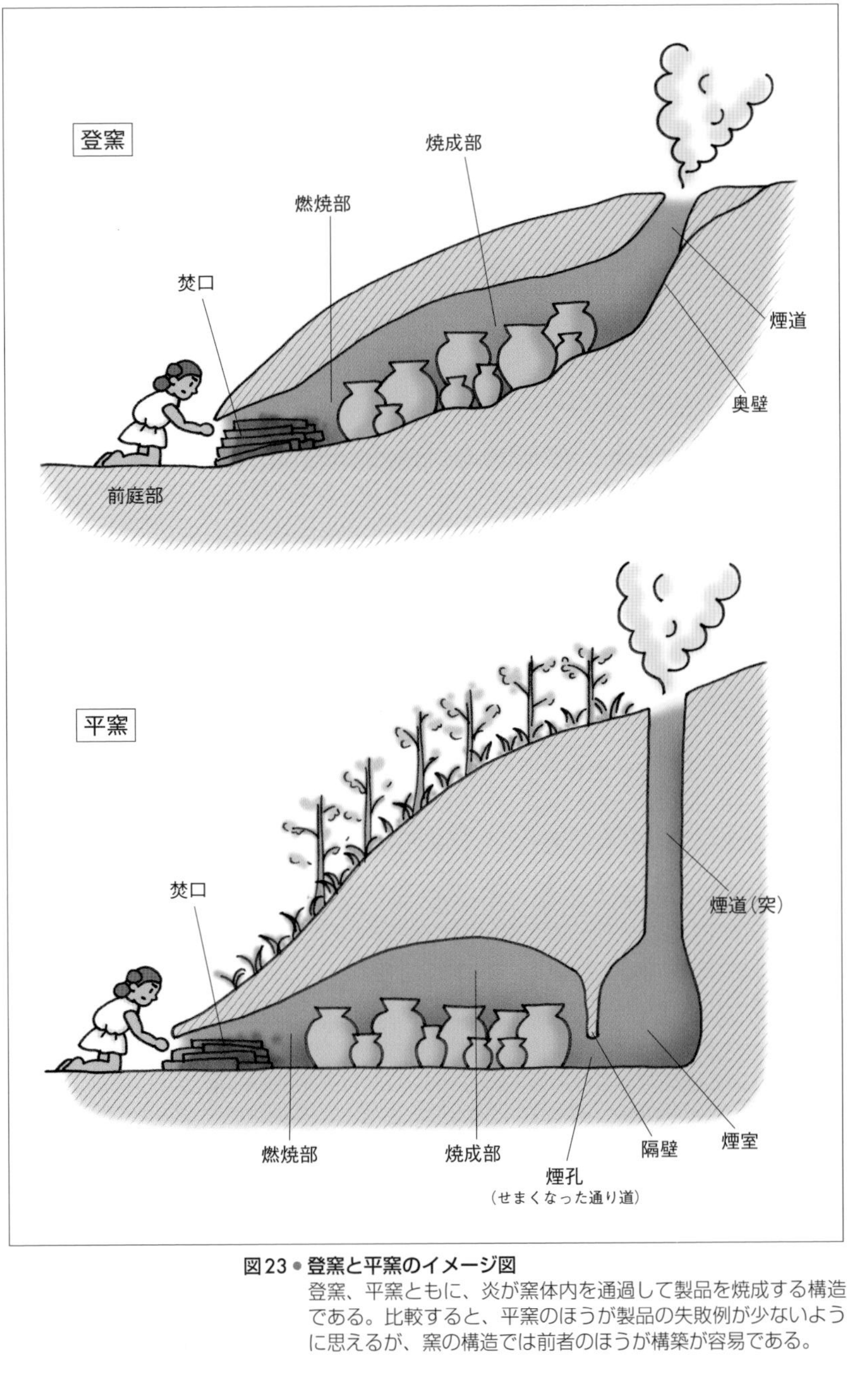

図23 ● 登窯と平窯のイメージ図
登窯、平窯ともに、炎が窯体内を通過して製品を焼成する構造である。比較すると、平窯のほうが製品の失敗例が少ないように思えるが、窯の構造では前者のほうが構築が容易である。

登窯はまず焚口《たきぐち》がある。ここから燃料の薪を入れ、また焼成後には製品をとり出す。ついで燃料が主として燃焼する部分である燃焼部がある。この部分は窯のなかでもっとも高温になる部分で、壁面の焼け具合ももっとも硬く焼けしまっている。つぎに、製品を置いておく（配置する）、焼成部である。

丘陵の急な斜面を利用している登窯では、製品の安定

図24 ● 登窯の焼成部に設けられた段状の床
斜面に安定して製品を置くために造られた。

図25 ● 平窯の焼成部の床面
甕など大型の製品を安定させるための穴がある。その奥は隔壁と煙を通す煙孔。

を保つため、床面を段状に造ったり（図24）、床面上に甕片や砂床を利用した置台《おきだい》が用意されていることもある。

平窯は、焚口、燃焼部、焼成部の配置は、登窯とまったく同じである。床面が平らであるか傾斜をもつかの差程度である。しかし、隔壁から煙突の構造がまったく異なる。隔壁には煙（炎）を通す穴（煙孔《えんこう》）が三個みられ、ついで煙がたまる小さな部屋（煙室《えんしつ》）がある（図25）。この部分から煙は直立した状態の煙突から外部に排出される。登窯の場合とは異なり、一度煙を集めて排出する点に大きな特徴がみられる。

両構造の差が製品に与えた影響については科学的には明らかにしえないが、少なくとも平窯での失敗品の量は少なく、安定的な焼成がおこなわれたものと考えられる。とりわけ大型製品の焼成が平窯で多くみられたことは、その事実を証明するのかもしれない。ただしＴＫ321号窯のように、天井の崩落により窯を放棄したものがある（図31参照）。これは窯内の安定的温度上昇による焼成とは直接関係せず、その背景には構築される部分の地質的な問題がある。

古墳時代後期前半（五世紀前半から後半）の窯跡

窯の構造自体は、時期の新旧にかかわらず、焚口、燃焼部、焼成部、煙道（煙突）という基本構造や配置（関係）についてはまったく変わらない。しかし、床面の傾斜や床の平面形、規模の大小などに時期的な変化がある。

陶邑での初期段階の窯は、残存状態のよいものが確認されていないが、床幅が広く、床面傾斜が緩やかであるという傾向がみられる（図26）。ただし、この段階から少し遅れるが、同じく初期須恵器に分類される遺物を焼成した窯であるTK87号窯やTK73号窯などでは、床面傾斜がほぼ二〇度以内である。

床面の下層には、排水機能を期待したとみられる溝が設置されているものが多い（TK87、TK94、TK103、TG22号窯など、図27）。それらも単純に溝を設定しているものではなく、上部に須恵器の破片で蓋をして暗渠としている点に特徴がある。

ところで須恵器を焼成するためには一〇〇〇度を超える高温状態を一定時間保持しなければならない。窯の内部は温度上昇のため、窯内部に散乱する灰が融解し、床や側壁、あるいは天井の表面に溶着することになる。とくに床面での灰の残存は、再度の加熱によって再び残存した灰が溶解し、製品と床面を溶着してしまう可能性が高い。実際そのような例が若干ではあるが確認されている。

このような事態の発生を防ぐためには、使用した床

図26●古墳時代後期前半、陶邑の初期の窯跡
床幅が広く、床面傾斜が緩やかな傾向がある（TK235号窯跡、5世紀）。

面を除去するか、あるいは上部に新たな床を敷き足すかである。この時期の窯では、床面に新たな砂を加えていく方法がとられている。

窯の構築手法については、地面を掘り抜く地下式、あるいはそれに近い半地下式であったと考えられる（図28）。

五世紀後半から末期頃になると、窯の形態が全期間を通じてもっとも端正な形となる。主軸を中心に左右対称に広がりをもつ。構造的には地下式あるいは半地下式のものが多いのは前の段階から変化はない。床面の傾斜角度は二〇度を超え、二〇から二七度とやや傾斜が急となってくる段階である。床の重なりはみられるものの、天井および側壁の重なりも増加し、それにともない床面の重複状況は少なくなる傾向をもつ。これは床面の積み上げではなく、削って下げることで窯内空間を確保しようとした。構造的には地下式を維持しようとする結果であろう。

床幅は、焚き口から焼成部中央付近まで幅を広げていき、中央から、やや上方で最大の床幅となる。この傾向はこの時期の窯に共通する（TG43—Ⅱ、TG43—Ⅲ、TK235—Ⅱ、TK235—Ⅲ号窯）。

図27 ● 床面下層から検出された排水溝
床面基底部端に須恵器甕の破片で覆い、暗渠としたものが排水溝。窯跡中央に交差して掘り込まれている溝は、窯跡の重複を調査するためのセクション。排水溝設置ではいずれもこのように暗渠に蓋をしている（TK103号窯跡、5世紀）。

古墳時代後期後半（六世紀）の窯跡

床幅がほぼ一定しており、先の時期にみられた焼成部で広くなるという傾向は近似するが、極端に幅を広げるというような顕著なものはみられない。すなわち焚口の幅と焼成部最大幅とは大きな差がない。構築方法は半地下式を採用しているものが多い（図29）。このため天井を支える支柱の痕跡が、床面中央部や端部の下層から確認されることがある。床面の傾斜角度は二五度前後を計る。

この時代の半ば頃からは、窯の形態にも少し変化が生じ、主軸を同じくして大幅に窯を造り直す例が増加する。また床面の重複状況がみられるが、その場合、床と床の間にまったく操業と関連のない層がみられることが多い。これは「間層《かんそう》」とよんでいるが、前段階の窯の床面に土砂を加えてつぎの窯の床面を造る際にていねいに清掃しないことから生じた層である。

また、窯の奥壁部分から横方向ないしは下方部に向かう溝をともなっていることがある。これは当初は排

図28 ● 地面を掘り抜いた地下式の窯跡
天井部の一部が残存していた。壁断面に何度も焼成がおこなわれた重なりがみられる（TK15－1号窯跡、6世紀）。

水溝、あるいは作業用通路と考えられてきた。しかし、窯への水分の浸透を防止するには接近しすぎており、排水溝としての機能を果たさないことや、本来の排水溝とは位置的に異なることから、排水溝説は否定された。また、作業用通路としてはあまりにも幅が狭く、作業空間はともかくとしても、通行すら不可能なものが多い。

なお、奥壁部分に焼けた痕跡がみられるのが特徴の福岡県牛頸窯《うしくびよう》では、当該部分が空気調節である可能性の濃い状況が検出された。この確認例が示すように、窯内部での空気の引き具合の調整用の設備、すなわち陶芸界でいうところのダンパーの可能性が濃いと考えられている。陶邑での当該例は、MT5—Ⅲ、TK41、ON3号窯などがあるが、量的には少ない。

飛鳥時代（七世紀）の窯跡

この段階のものは、大規模なものと小規模なものがある。大規模なものは、かなり長期間にわたって操業

図29●古墳時代後期後半（6世紀）の窯跡
半地下式。この時期には、床幅が広く上方まで幅が変わらないものが多い。床の重なりも多く、2mにおよぶものもある（MT5－Ⅲ号窯跡、6世紀）。

がくり返されてきたもので、側壁や天井にみられる貼り壁の重複度合いが膨大である。小規模なものは、逆にきわめて短期間の操業にともなうもので、床や側壁など各部位で多くの重複状況を確認することはできない。この現象は、前者は複数の時期を継続して操業してきた結果であり、後者は新たに操業し、短期で操業を終了させたものである。

大規模なものの例としてTG68号窯（**図30**）、TG64号窯などがある。TG68号窯は全長一八メートル、最大幅二メートル、床面傾斜角三五度を計る。TG64号窯は、全長一〇メートル、最大幅二・六メートル、傾斜角三四度以上を計る。両者の製品はいずれも小型化の進行している時期のものである。

一方、小規模なものの例としては、MT206―Ⅱ号窯、TG206号窯などがある。このうちMT206―Ⅱ号窯は、全長六メートル、最大床幅一・七メートル、傾斜角二五度である。重複回数も時期的に接近して、最大三回の焼成が確認されたにすぎない。

図30 ● 飛鳥時代（7世紀）の窯跡
当該時期のものとしては大規模な例（全長18m）。側壁や天井にみられる貼り壁の重複度合いが膨大で、長期間にわたって使用された（TG68号窯跡、6－7世紀）。

奈良時代（八世紀）の窯跡

この時代は、陶邑窯での生産の最

盛期の一つに数えられる段階である。各地区ともに分布窯の量は多い。登窯構造のものでは、床面傾斜が急なものが多くみられ、全体規模としては小型化している。

この時期の例としてはＴＧ70号窯、ＫＭ60号窯があげられる。ＴＧ70号窯は、全長八・九メートル、最大床幅二・五メートル、傾斜角五二度を計る。床面傾斜がこのように急である例は、この時期のＴＧ57号窯、ＴＧ62号窯、ＴＧ56号窯、ＴＧ15号窯などでも確認できる。

ＫＭ60号窯は全長一〇メートル、最大床幅一・七メートル、傾斜角三七度を計る。補修状況は著しく、貼り壁は少なくとも一八枚を数える。両者は構造的には同じ範疇ではあるが、床面傾斜や平面形の状況からは明らかに異なる系譜であろう。

この時期前後に新たに登場する独特な窯の構造に平窯がある。平窯は、先にみたように、焚口、燃焼部、焼成部と連なる構造は登窯と同じだが、床面に

図31 ● 奈良時代（8世紀）の窯跡
この平窯は焼成の最終段階で天井が崩落し、製品がとり出されないまま放棄されたため、多くの須恵器が残されていた（TK321号窯跡、8世紀）。

傾斜がみられない（**図31・32**）。

この構造の窯では、床が平面であることから、置台はとくに必要でない。多くの場合、平窯が大型製品の焼成に用いられていることから、置台の代わりに大きな穴を掘り込み、あるいは粘土塊を用いていることが多い（**図32**）。この構造をもつ窯は陶邑全域でみられるものではなく、一部の地域に限定されて分布する。

この例としてTK321号窯、TK237号窯、TK238号窯、MT204号窯、KM38—II号窯などがある。TK321号窯は、全長七・一メートル、最大床幅二・四メートル、傾斜角四度前後を計る。貼り壁は四枚を数えることができ、複数回使用されていた可能性が濃い。

奈良時代末期から平安時代（八世紀末以降）の窯跡

陶邑窯での最終操業段階である。窯の分布数も大きく減少している。とくに栂地区のように、

図32●平窯（TK321号窯跡）**の床面**
図31の放棄された須恵器をとり去った状態。平窯の特徴である平らな床面、大きな製品を置く粘土塊、隔壁と煙孔、煙道などの構造がよくわかる。

この時期の窯がまったく確認されていない地区もある。この時期の窯の立地が丘陵の尾根の最上部分にあり、自然崩壊によって失われた可能性もある。しかし絶対数の減少は、そのような自然条件を考慮しても認めざるを得ない。

この時期の例としてはMT209―I号窯、MT217号窯などがある。MT209―I号窯は全長一〇・七メートル、最大床幅二・四メートル、傾斜角一一度前後を計る。焼成部床面下位には、船底ピットとよんでいる土坑を設置する。MT217号窯は全（残存）長九メートル、最大床幅一・四八メートル、傾斜角二一から二七度前後を計る。焼成部床面下位には船底ピットを設置している。この窯は、当該地域の最終段階の須恵器を焼成したものである。

3 工房・集落・流通の遺跡

陶邑で働いていた人びと

陶邑窯に関係していた人びとの大半は、陶邑地域内で生活を送っていた。彼らには須恵器生産を掌握していた支配者層から、須恵器の製作そのものに従事していた工人層、さらには彼らの食糧調達を支えていた農民など、さまざまな階層の人びとがここ陶邑で生活していた。

とすると、そこに彼らの生活痕跡が残されていて当然である（図33）。住居とその群である集落遺跡、製品を集荷・選別・出荷した流通遺跡、彼らの死後葬られた古墳とその遺跡群、さらに社会生活にともなうさまざまな遺跡群の存在が考えられる。

原料の粘土を調達した遺跡

須恵器は粘土を加工して生産される陶質土器である。すなわち、須恵器生産には粘土が不可欠である。それはどこでも採掘可能というものではない。とくに泉北丘陵は大阪層群とよばれる大きな海成粘土層が分布しており、場所によっては数メートルも掘るとおおよそ陶器の焼成には適さない青い粘土面が出現する地域でもある。

したがって、この地域で材料となる粘土を採掘するには、それなりの鑑識眼が必要となる。丘陵上には、後世の開発行為が多くみられることもあって、粘土採掘にともなってできた土坑の検出はほとんど不可能である。しかし、まったくの偶然の機会にその痕跡がみつかることもある。

堺市の丈六《じょうろく》遺跡はその典型的な例である（図34）。窯跡と灰原の位置する地域に近接して、多数の土坑が検出された。土坑は、径一×一・四メートルから二・七×一・三メートルを計り、深さは五〇センチ前後の不整形な形状のものであった。坑は上位が狭く、下位が広くなるという袋状をなしており、下層部分では上質の粘土層がみられた。これらの坑は、粘土を採取するためのものと考えられる。

陶邑地域での明らかな採掘遺構の確認はこれのみであるが、おそらく全域的に同様な遺跡が分布していたものと考えられる。

図33●陶棺の側面の残片にみる工人の名前
KM234号窯跡出土、7世紀。

工房遺跡

須恵器を作るには、それにふさわしい場所が必要である。しかし、特別に大規模な機械などの設備は必要ない。ロクロの設置と、せいぜい乾燥場所の確保、あるいは材料の粘土の置き場程度があれば十分であろう。

おそらく工房は、彼ら工人の生活場所たる住居の位置する部分と重複して存在する可能性が高い。とくに須恵器製作にともなう各種の小道具、たとえば叩き板とか当て具のようなものが出土している大庭寺遺跡や小阪《こさか》遺跡などのように、明らかに集落遺跡と重複している。このような場所では日常的に須恵器製作がおこなわれていたと考えられる。

一方、集落とは離れた場所に住居遺跡が位置することもある。これらは生活痕跡である火の使用痕がみられないことから、そこでの生活はきわめて短期間のものであったと推定される。

その一例としてTG63号遺構がある（図35）。こ

図34●丈六遺跡の粘土を採取した土坑の跡
径1×1.4〜2.7×1.3m、深さ50cm前後。上のほうが狭く、下のほうが広くなる袋状で、下層部分では上質の粘土層がみられた。

の遺跡は、窯に近接しており、ロクロ設置の通称ロクロ・ピットの痕跡は確認できなかったが、作業空間は十分確保できる面積であった。このほかにも窯に隣接あるいは近接しての工房遺跡は存在したと考えられる。なお窯の焚口前の前庭部とよばれる平坦部分も、製作作業のために用いられたきわめて短期間の作業空間である。

集落遺跡

須恵器を製作するための場所、あるいはそれに関与していた工人たちの住居の遺跡を調査例からいくつかを紹介してみよう。

小阪遺跡　陶邑東部の泉ヶ丘丘陵北端部の段丘上に形成された住居跡群で、竪穴住居、掘立柱建物、井戸、溝、河川痕跡などから構成される古墳時代後期を中心とする複合遺跡である。とくに初期須恵器と住居、掘立柱建物などの遺構が確認された部分では、須恵器製作にともなう当て具などの道具が出土

図35 ● 窯跡に隣接して確認された住居跡
長期間の生活痕跡は確認されず、操業にともなう一時的なキャンプサイトとみられる（TG63号遺構）。

した。この場所で須恵器の製作がおこなわれていたことは容易に推定される。

野々井遺跡　陶邑中位の栂丘陵北端部、丘陵尾根・谷部に形成された集落遺跡である（図36）。住居跡、掘立柱建物、古墳、火葬墓、窯跡などを含む、古墳時代から平安時代にわたる複合遺跡である。近接して、あるいは域内に須恵器窯があり、これらに関連した集団の集落と考えられる。

伏尾遺跡　陶邑東北部の泉ヶ丘丘陵の北部の丘陵尾根上に形成された集落遺跡である。ここからは竪穴住居、掘立柱建物、溝などの遺構が検出され、弥生時代から近世にわたる複合遺跡である。とくに初期須恵器の時代の遺構が中心で、報告者によると、この集落は須恵器生産の拡大に起因して計画的に開発されたとする。さらに陶邑の中心的集落ともされている。

大庭寺遺跡　栂丘陵北東の縁辺部の段丘上に形成された集落遺跡である。竪穴住居、溝、土器溜り、

図36●集落遺跡の野々井第一地点遺構
住居跡、古墳跡などがみつかった（5－11世紀）。

初期須恵器窯などの遺構が検出され、初期須恵器段階を主とする集落遺跡である。とくに遺物に渡来系軟質土器が目立つことから、この集落は渡来系集団によって成立し、その後もこの伝統的な系譜に連なる集団によって支えられたと考えられている。

このほかにも集落遺跡としては、西浦橋《にしうらばし》遺跡、万崎池《まんざきいけ》遺跡、陶器南《とうきみなみ》遺跡、辻之《つじの》遺跡などのほか、陶邑北部地域の多数の遺跡の実態が明らかになっている。しかし、明らかに窯の分布量が多い地域と重複する集落遺跡は少ないといえる。

これは生活空間と生産空間がある程度区分されていた可能性を示唆する。すなわち大量の煙を出す窯を住

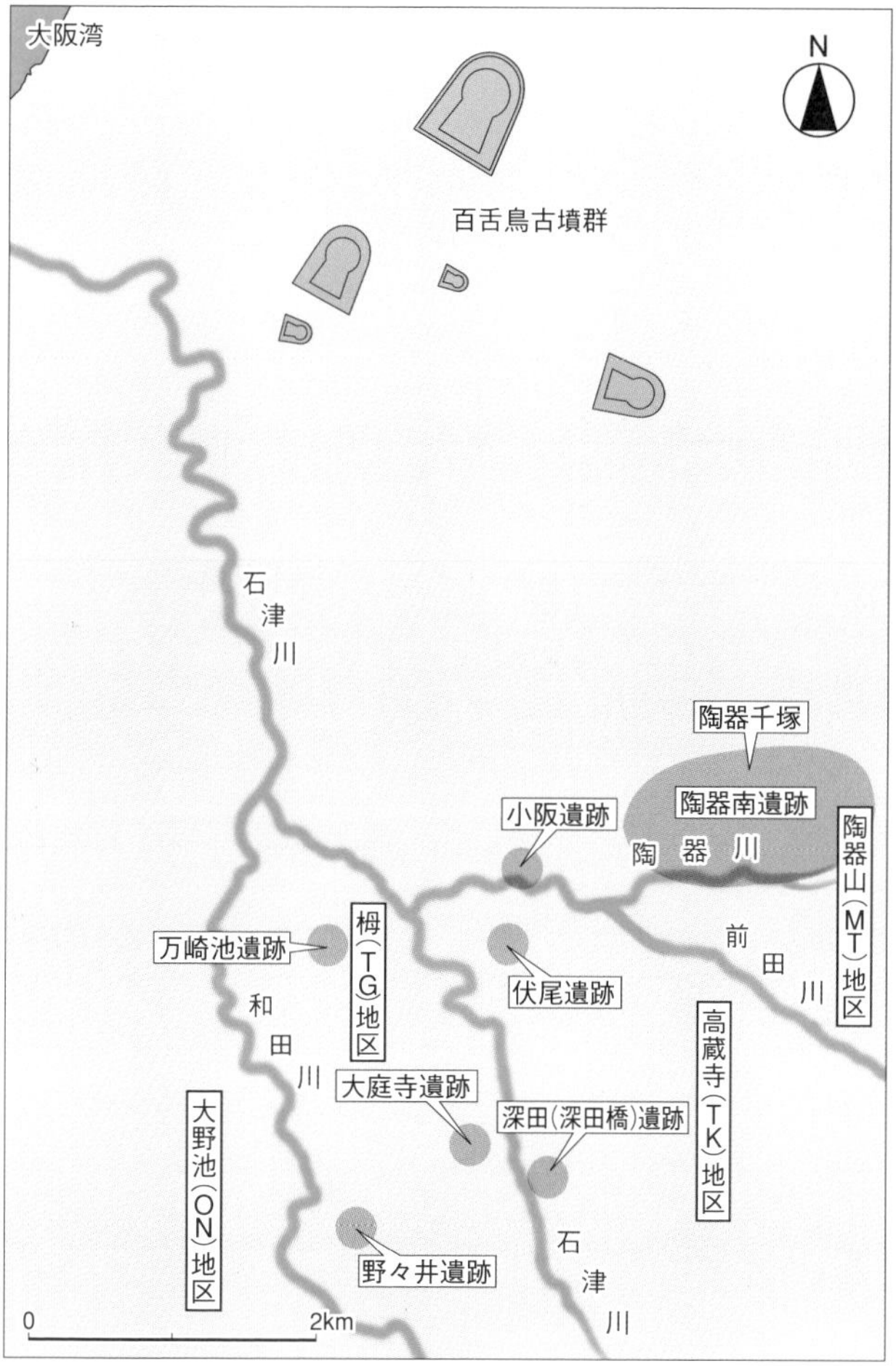

図37 ● 陶邑周辺の工房・集落・流通にかかわる遺跡
いずれも石津川水系にそって構築されていたことがわかる。なお窯は丘陵部にあり、これらの遺跡とは距離をおいているようである。

居地域に近づけることはなかったと考えられる。

流通遺跡

須恵器生産や日常生活の場所たる集落遺跡についてみてきた。しかし、生産物の須恵器は、この地域から他の消費される地域に送られて、はじめて商品としての価値が生まれる。すなわち、須恵器は共同体内需要をまかなう目的で生産されたのではない。とすると、これらの製品をいかに消費地へ供給していったのかという問題が浮かび上がる。

現代では流通といえば、運輸、倉庫などの業界がこれに該当する。しかしこの時代にあっては、少なくとも陶邑地域全体を統括していた機関による集荷・選別・出荷という段階が想定されるにすぎない。ここで流通遺跡というのは、この役割を果たした遺跡をさす。

深田（深田橋）遺跡　陶邑の中心部に流れる石津川に沿って構築された遺跡である。掘立柱建物、土

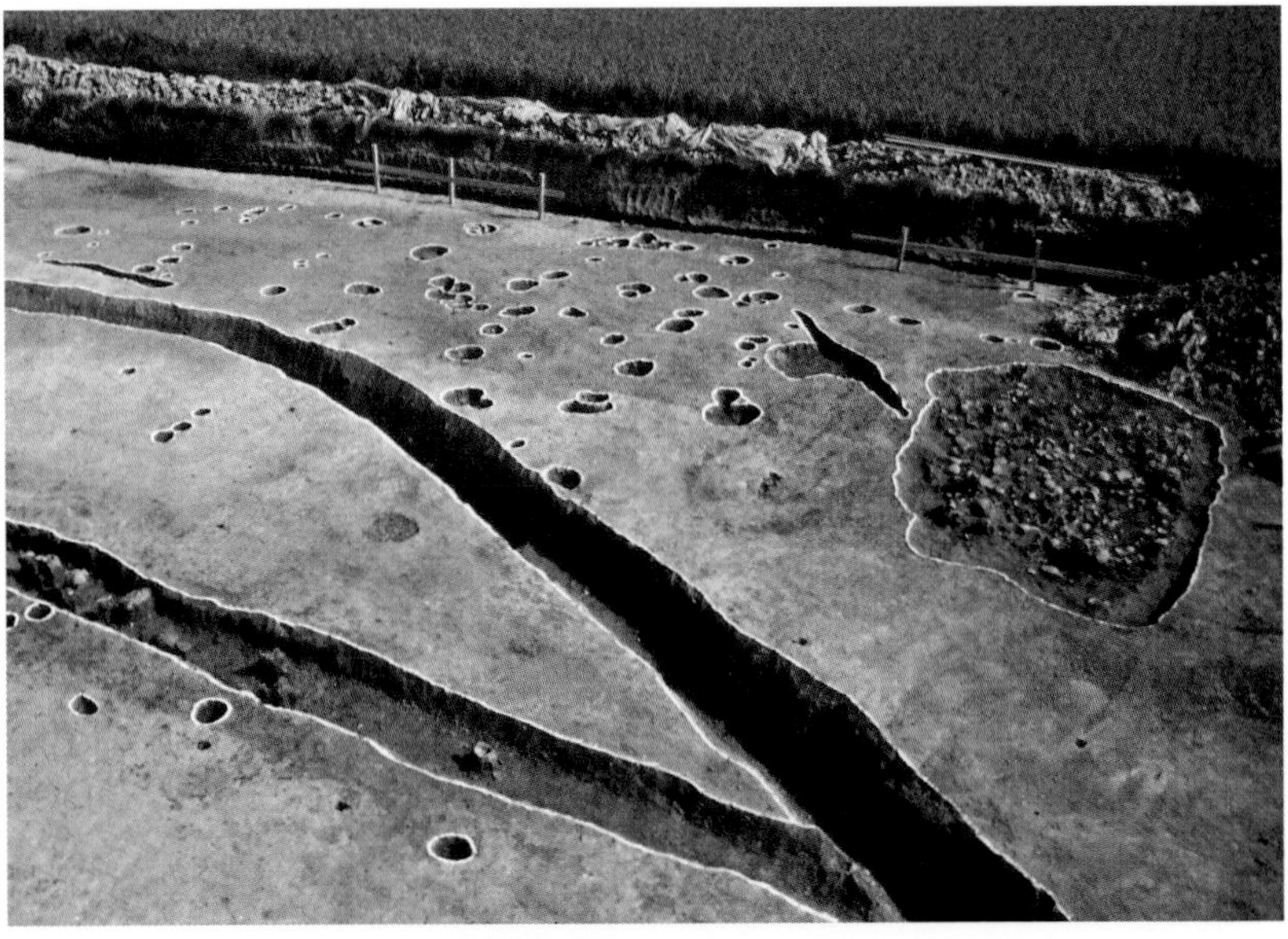

図38 ● 深田（深田橋）遺跡
湿地に築かれた倉庫建物の柱穴（中央付近）と選別品を廃棄した土坑（右側）がみえる。その手前にはかつての石津川水系がみられた。

坑、溝などがある。とくに初期須恵器の段階の遺跡である（図38）。

　建物は倉庫とみられ、中央に束柱《つかばしら》をもつ。またその建築された地域が低湿地であることから、柱の底には板をともなう、いわゆる礎板《そばん》が設備されていた。土坑からは、歪みや破損によって廃棄されたとみられる須恵器が多数みつかった。

　これらをまとめると、住居の建設には適切でない低湿地に選別された可能性のある遺物の廃棄土坑の存在、さらに石津川に沿っているということから、つぎの状況が考えられる。すなわちここは須恵器を集荷・選別し、さらに石津水系を利用して搬出するための基地であった。

　このほか流通に関連したとみられる同様な遺跡として、辻之遺跡、小角田《おかくだ》遺跡、豊田《とよだ》遺跡などがある。いずれにしても安全に須恵器を輸送する手段としては水系利用がもっとも有効であり、他の産地でもその可能性が十分考えられる。

4　古墳と墳墓

須恵器生産にかかわりのある古墳

古墳時代の前半期、大阪南部の和泉地域では、百舌鳥《もず》古墳群が形成されはじめた。もちろん百舌鳥古墳群の初期段階には、いまだ須恵器生産は開始されておらず、陶邑の成立は後の段階である。

　この古墳群の成立からしばらく経過した時期に、後背地にあたる泉北丘陵地域の陶邑窯で須恵器生産がはじまっており、両者のかかわりはきわめて濃いものと考えられている。

なお、陶邑域内の古墳時代前期の遺跡としては、光明池丘陵上の二本木山《にほんきやま》古墳がある。主体部に割《わり》竹形《だけがた》石棺をもつ円墳である。

陶邑地域内に位置する古墳群には、陶器千塚《とうきせんづか》古墳群、小代《こだい》古墳群、牛石《うしいし》古墳群、野々井《ののい》古墳群、南野々井古墳群、檜尾塚原《ひのおつかはら》古墳群、信太千塚《しのだせんづか》古墳群、三林《みばやし》古墳群などがある（**図15参照**）。陶邑地域内あるいはこれに近接して位置しており、その関連や内容の詳細については明らかになっていないものもあるが、須恵器生産とのかかわりは濃い。各古墳群について簡単に記述する。

陶器千塚古墳群　堺市東南部陶器北に位置する六世紀を中心とする古墳群である。森浩一の調査によると、一九五〇年に、前方後円墳二基（御坊山《ごぼうやま》古墳—大阪府指定史跡、湯山《ゆやま》古墳）、円墳三二基が確認されているが、今日ではわずか数基が墳丘を残すのみである。

内部主体の明らかな古墳は比較的少なく、カマド塚あるいは木芯粘土室《もくしんねんどしつ》構造のものは、一・

図39●檜尾塚原3号墳
檜尾塚原古墳群中もっとも残りのよい古墳であった。封土や天井石の一部が残存していたが、内部は盗掘によって荒らされていた。調査によって、石室床面下層から排水溝が検出された。

二九号墳で、このほかには横穴式塼室《せんしつ》構造などが知られている。これ以外のものはいずれも削平された状態で検出されている。

小代古墳群　伏尾遺跡に隣接して確認されており、五基の古墳の調査がおこなわれている。主体部や盛土が失われているが、方形墳が中心の古墳群で、周濠をともない、内部から埴輪や須恵器がみつかっている。

牛石古墳群　栂丘陵の中央部に位置する古墳群で、前方後円墳（高塚山《たかつかやま》古墳）、円墳などから構成される。主体部は横穴式石室や、木芯粘土室、木棺直葬《もっかんじきそう》墓など多様である。

北部地域には野々井古墳群、南野々井古墳群などが位置しており、それらとの関係も注目される。

檜尾塚原古墳群　檜尾塚原古墳群は、大阪府堺市の檜尾、陶邑窯跡群の西側分布地区の大野池地区南西部に位置した後期古墳群である（**図39・40**）。

とくに古墳は、丘陵尾根部の台地上に構築された

図40 ● 檜尾塚原2号墳
墳丘の封土は開墾によって削平されていたが、かろうじて石室の基底部分と周濠が確認された。主体部からは陶棺や須恵器が採集された（6世紀）。

ものが多く、南部に離れて位置した九号墳を除いて、ほぼ近接して位置する。前方後円墳二基のほか円墳があり、主体部は横穴式石室、木芯粘土室、木棺直葬墓、甕棺墓《かめかんぼ》など多様である。

墳墓群

古墳時代に属する墳墓についてはすでに紹介したが、それ以後も墳墓は造られつづけている。そのうち代表的なものについて紹介しておく。

原山墳墓群　栂丘陵の中部の丘陵斜面に形成された七世紀から八世紀の墳墓群である（**図41**）。その形態は火葬墓、敷き石墓（**図42**）、土壙墓などがあり、瓦質円筒《がしつえんとう》（**図46**）や鴟尾《しび》を用いた特殊形態のものもみられた。

なおこの墳墓群で使用されていた須恵器などは、いずれも栂地区の南部の窯で焼かれたものであった。おそらく墳墓の重複状況などから、同じ系譜に連なる人たちの墓とみてよい。

図41 ● 原山古墳群の1号墓
周囲に濠を馬蹄形にめぐらせ、主体部には土釜状須恵器や鴟尾などをともなった特異な墳墓である（7－8世紀）。

檜尾第三地点墳墓群　大野池地区の北部丘陵尾根上に形成された土壙墓群である。規模は大小さまざまであるが、ほとんどが五〇センチ前後の不整形なピットである。重複状態のものや単独で位置しているものなどその構築状況もまちまちであり、墳墓としての計画性がみられない。おそらく集団墓地としての性格をもつ遺跡と考えられる。

内部からは須恵器の破片が出土しているものや灰などの痕跡を認める。焼土の痕跡はないので、当該場所での火葬行為はなかったと考えられるが、火葬骨などの埋葬はあったものとみられる。同様な遺構群は、大庭寺遺跡などでも確認されている。

須恵器工人の古墳とその系譜

陶邑地域以外ではあまり例のない古墳や墳墓の主体部の形態がみられる。その背景には須恵器工人の系譜に関する問題がある。ゆえに他地域と異なる構造のものが所在する。これらについて少しくわしく

図42●敷き石墓（原山墳墓群）
長方形に川原石を敷きつめ、中央に丸く石を配置する。中央には土壙墓を主体とする２基の墓がみられた。なお火葬墓とも重複している（８世紀）。

みておきたい。

横穴式木芯粘土室　横穴式木芯粘土室は、かつてはカマド塚、窯郭墳《ようかくふん》、横穴式粘土室などとよばれたものである。横穴式石室の石室部分に石材を用いないで造ったものがこれに該当する。すなわち窯の構築方法のように木組みをおこない、その上面を張り壁で覆うというものである。

これには石材の入手が困難であることや経済的な事情という背景が考えられたこともあった。しかし同じ群内に石室をもつものが存在していることや、副葬品に遜色がみられないことなどから、両者の事情は考えがたい。

陶邑地域内では、代表的なものに檜尾塚原九号墳（**図43**）、陶器千塚一・二九号墳などがあり、ほかに光明池地区に二基、栂地区で一基、陶器山地区で二基が確認されている。

横穴式磚室墳・磚積み墳　構造的には横穴式石室と同じだが、石室の石材部分に磚《せん》を積み上げて構築して

図43 ● 横穴式木芯粘土室
檜尾塚原9号墳。丘陵地形を利用して構築された前方後円墳で、主体部は木芯粘土室である（6－7世紀）。

いる点で特異である（図44）。

磚とは板状の粘土を焼成したもので、レンガのようでもあるが、幅や厚みが異なっている。石室部分の側壁として磚が用いられていると考えればよいだろう。ただし天井部までの高さは石室に比較して相当低いと考えられる。なおこれらの磚は、陶邑内の窯で生産されており、そこからの供給とみられる。

この例としては牛石一三・一四号墳の二基があり、両者は近接している。

甕棺墓　甕棺墓は、須恵器の大型の甕を棺として用いたものである。とくにそれらを収容するために石室などは設置せず、直接穴を掘って埋める直葬形態のものが大半である。すなわち多くの場合、多数の土壙墓群のなかに含まれている。美木多第一地点などはこの例である（図45）。

なお特異な例として、檜尾塚原五号墳のように、封土をともなう円墳の主体部として用いられているものもみられる。それらで使用されている須恵器は、いず

図44 ● 横穴式磚室墳
牛石14号墳。やきものの磚を積み上げて構築されている。
陶邑内には同様の主体部構造のものが4基確認されている。

れも陶邑内で焼成された製品である。

方筒状瓦質墓　方筒状の瓦質の製品を並べて埋葬主体を安置する部屋を形成しているものである。さらに、陶邑で使用されている方筒状瓦質製品の内外面には、通常須恵器の甕などにみられる円弧や平行叩きの痕跡が認められる。

このことから、当該製品が窯業生産者によって作られたことは明らかである。この例は野々井二五号墳で確認されている。なお二六号墳は、径一五メートル前後を計る円墳で、周囲には濠をめぐらせている。

また類似例としては原山古墓群の例がある。原山古墓第一号墓では、瓦質円筒（**図46**）や鴟尾が土壙内の上面に配置され、内面には二個の土釜状《どがまじょう》須恵器が収められていた。

これらは骨蔵器《こつぞうき》と考えられたが、火葬骨の痕跡はみられなかった。同時にみつかった須恵器蓋の形態から七世紀の構築と考えられる。また鴟尾は栂地区の窯で破片が確認され、そこから供給されたものであろう。

図45 ● 甕棺墓
美木多第1地点遺跡。須恵器の大型の甕を土のなかに直接埋めたもので、写真は検出された甕棺の破片（6－7世紀）。

火葬墓　遺体を荼毘《だび》に付し、拾骨して骨蔵器に収めて埋葬するのが一般的な火葬で、『続日本紀』によれば、わが国では文武天皇四年（七〇〇）の僧道照の火葬がはじまりという。

先に示した木芯粘土室構造のなかには、火を受けた痕跡のあるものがみられるが、これらは火葬例ではなく火化葬《かかそう》として区別される。火葬とは、遺体を荼毘に付して、さらに骨拾いをともなう葬法をいう。火化葬とは、文字どおり遺体を火化処理するもので、骨拾いなどはおこなわない。とくに防疫などが背景に考えられるが、くわしくはわからない。

この項で例示する火葬墓は、明らかに骨蔵器をともなうものである。一般的な形態の火葬墓は、原山古墓（**図47**）や野々井遺跡、牛石古墳群などで確認されている。

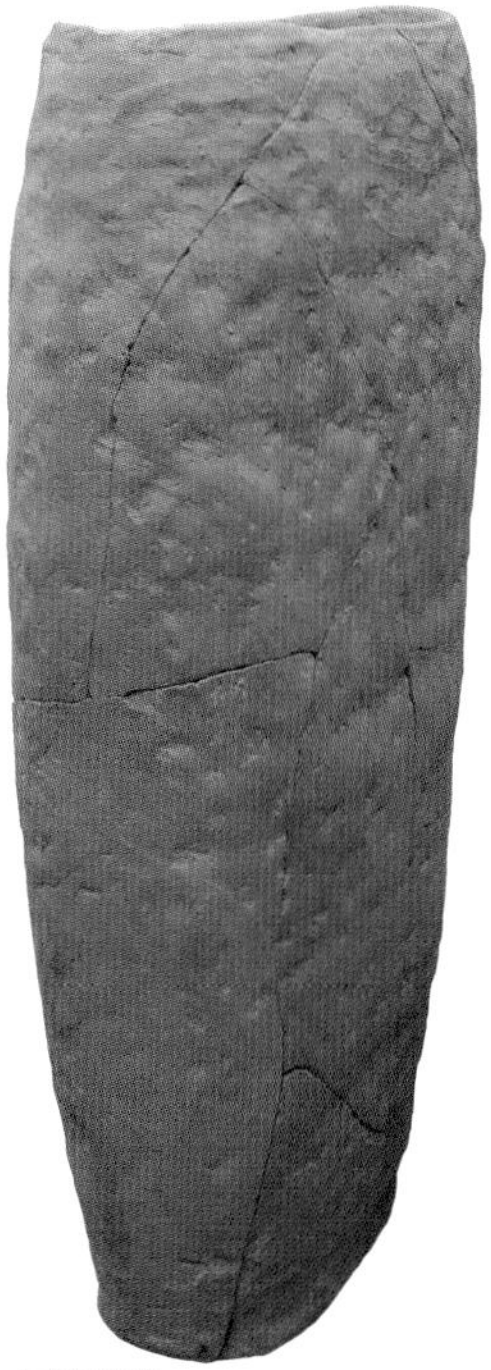

図46 ● 瓦質円筒
楕円形の円筒状で、栂地区の窯で生産された。原山1号墓の主体部の墓室を形成していた。同種のものは野々井古墳群でも出土している（7世紀後半）。

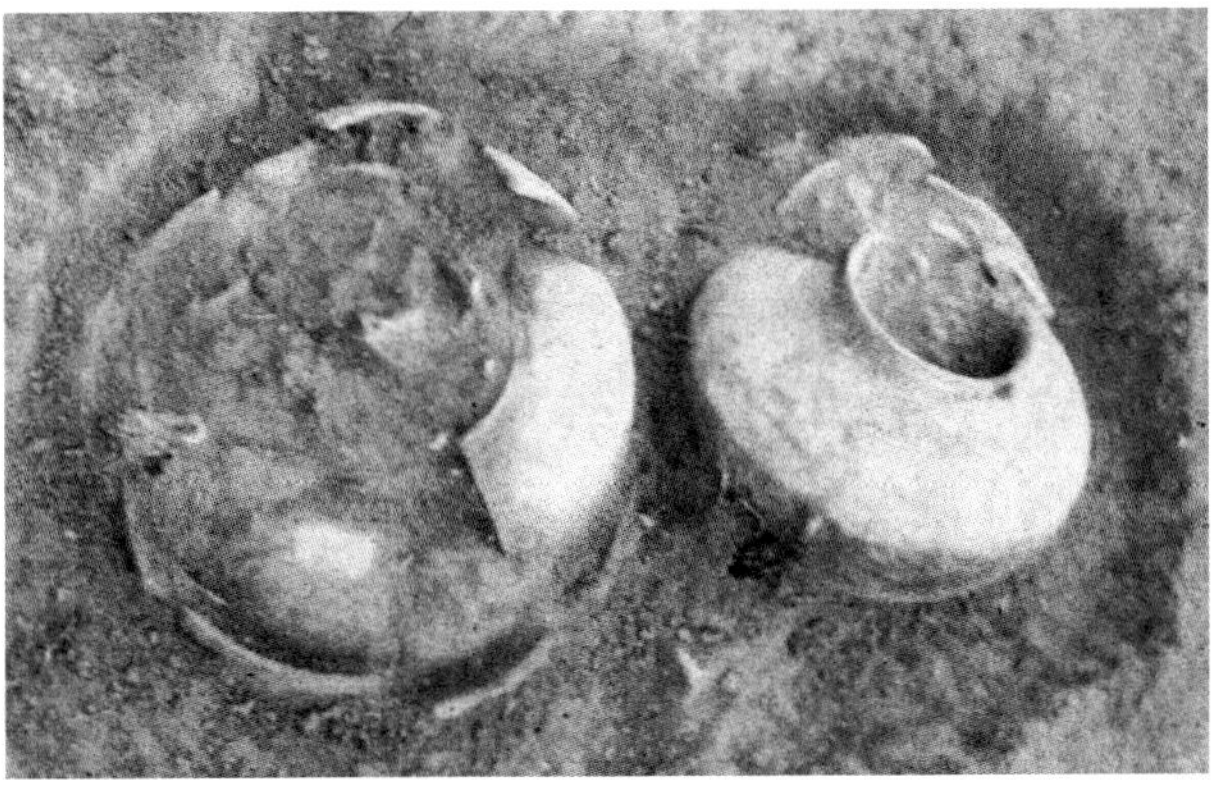

図47 ● 火葬骨を入れて埋葬された骨蔵器
原山古墓群の火葬墓（8世紀）。

第4章　文献史料にみる陶邑

1　記紀にみる地名伝承

「茅渟県陶邑」

『日本書紀』崇神天皇七年秋八月《はつき》癸卯《みずのとう》の朔《ついたち》己酉《つちのととり》条に、「茅渟県陶邑《ちぬのあがたすえむら》」という記事がみえる。同様に『古事記』には、崇神天皇段に「河内之美努村《かふちのみののむら》」という記載がある。

このうち『日本書紀』崇神天皇条は、「陶邑」という名称が文献史料に登場する唯一の記述である。『古事記』崇神天皇段は、『日本書紀』の記事とほぼ内容が一致しているとみてよい。内容を簡単に要約すれば、「国中に疫病が流行し、これに関連して天皇、臣下が夢にお告げをみる。そのお告げは、疫病の流行は大物主神《おおものぬしのかみ》を祭らないからであり、その神を祭ることにより治まる」というものである。

そこには祭主として大田田根子《おおたたねこ》（意富多多泥古《おほたたねこ》）を探し出すことが条件であった。やがて

『日本書紀』には、「茅渟県陶邑」、『古事記』では「河内之美努村」という場所で探し出すことができる。大田田根子（意富多多泥古）は、天皇の問いかけに答えて、彼自身の系譜関係も、父が大物主、母が陶津《すえつ》耳《みみの》女《むすめの》活玉依媛《いくたまよりひめ》と明らかにしていく。

なお、大田田根子（『日本書紀』）、意富多多泥古（『古事記』）と表記は異なるが、発音上は同一である。つぎに彼の発見場所について、前者は「茅渟県陶邑」とし、後者は「河内之美努村」とある。果たして、両者の地名が異なる場所を指すのかどうかという問題がある。

須恵器生産地に残されている地名「すえ」

ところで「茅渟県」とある「茅渟」は地名呼称で、これらの指す地域はいずれも大阪湾岸南部域のいわゆる「和泉」地域である。

「陶邑」という地名は特徴的なものであり、全国各地の須恵器生産地に残されている地名である。たと

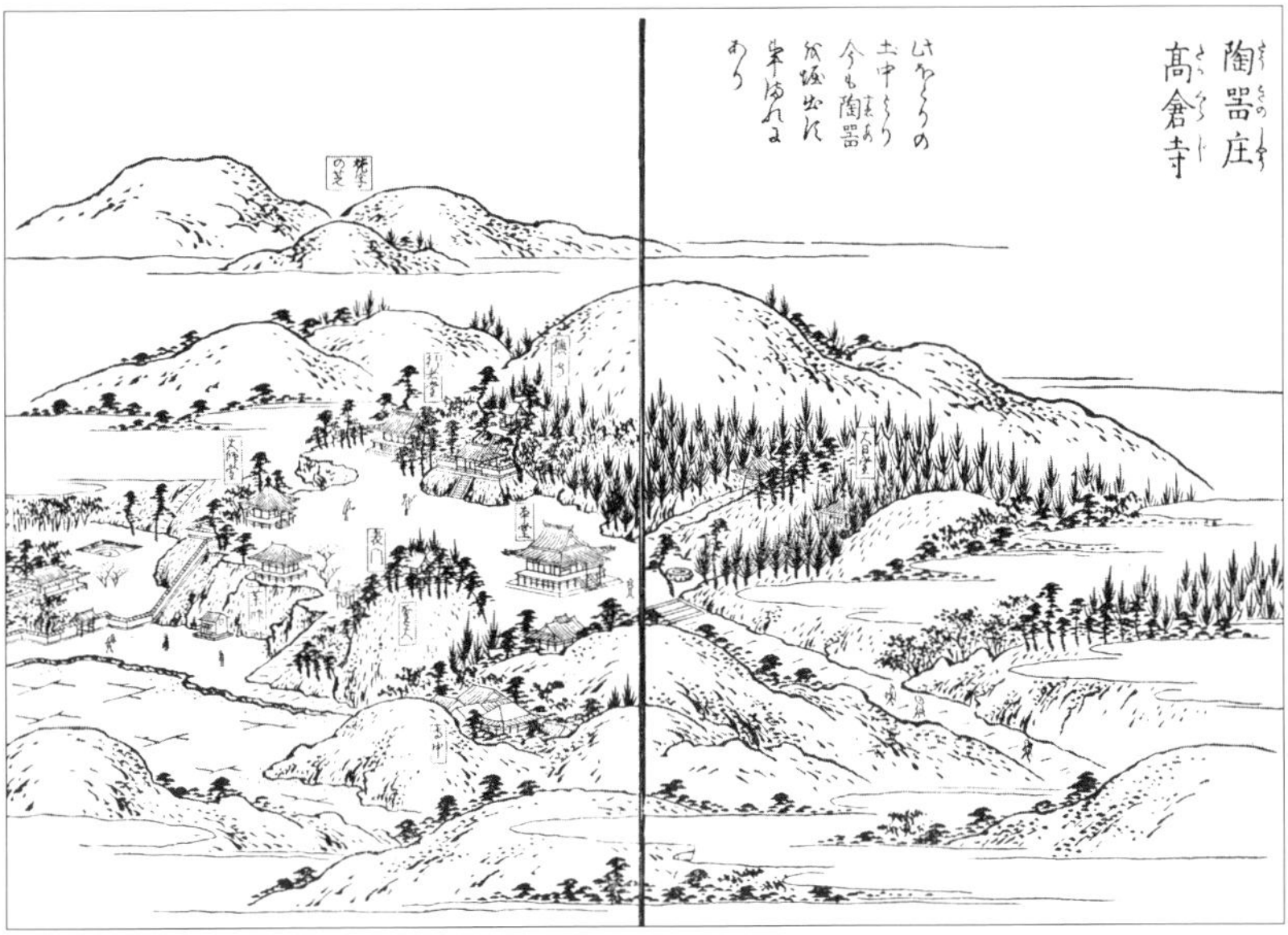

図48 ● 秋里籬島『和泉名所図絵』にみえる陶器庄、高倉寺の記載
「このほとりの土中より今も陶器（すえもの）を掘り出す事まれにあり」とある。
このほか泉州地域の近世の地誌には、このような記述がみられる場合がある。

えば石川県金沢市末町《すえ》（金沢末窯跡群）、山口県山口市陶《すえ》（山口陶窯跡群）、香川県丸亀市綾歌町陶（香川陶邑窯跡群）、岐阜県各務原市須衛町《すえ》（須衛窯跡群）などがある。すなわち「陶」「末」「須衛」「須恵」のごとくやきものを連想させる地名が残されている地域には、必ずその生産遺跡たる窯が残されている。

以上の諸点を勘案すると、「茅渟県陶邑」は、和泉地域の窯業生産遺跡の残されている地域とするのがもっとも妥当であろう。

一方、「河内之美努村」についても、かつて和泉国が河内国に含まれていたことなどを考えあわせると、『日本書紀』の指す地域と同じ可能性が濃いと考えられる。なお、窯業生産との関係からみれば「河内国若江郡御野」とする可能性はまったくない。

2 郷名と氏族の分布

つぎに、陶邑遺跡群のある各地区が古代にいかによばれていた地域なのか、またいかなる氏族がそれら地域に居住していたのかをみていきたい。須恵器生産がおこなわれていた時期の資料は存在しない。したがって本節では、『倭名類聚鈔《わみょうるいじゅしょう》』（承平年間〔九三一―三八〕）『新撰姓氏録《しんせんしょうじろく》』（八一五年）を用いて、前者では郷名を、後者は居住氏族を推定し、**図49**にまとめた。

『倭名類聚鈔』によって陶邑地域をみると、まず国・郡名では、「和泉国大鳥郡、和泉郡」と「河内国丹比郡」に属しており、大半は和泉国大鳥郡に所在する。

陶邑と関連の濃いとみられる丘陵域に求められる郷を窯跡分布とくらべてみると、まず「大村郷」は『行基年譜』に「大須忠（恵）院、高蔵十月始起、在和泉国大鳥郡大村里大村山」とあり、現在の高蔵寺であろう。すなわち先の窯跡分布区分の高蔵寺地区である。

「上神郷《かみつみわ》」は、現在、上神谷《にわだに》の地名が残る地域に求められる。和田川と石津川に囲まれた栂丘陵部分に求められる。『行基年譜』には「大庭院―在和泉国大鳥郡上神郷大庭村、孝謙天皇二年、天平勝宝二年庚寅三月十五日追為報恩起立云々」とあり、大庭院を現在の大庭寺とすることができよう。

「和田郷」については「爾木多《にきた》」と和名があり、現在の地名では「美木多《みきた》」が該当する。とくに『行基年譜』に「檜尾池院―在和泉国大鳥郡和田郷」「檜尾池―在同郡和田郷」とある。両者ともに故地の厳密な比定は困難であるが、少なくとも「檜尾」の地名は重要である。現在の檜尾の地域と美木多地域はほぼ重複しており、先の「和田郷」が現在の「美木多」地域とみてよい。自然境界からみても、大野

窯跡群 地区名	郷名 （群名）	関連（居住） 氏族	現在（関連） 地名	関連古墳群	関連寺院
高蔵寺 （TK）	大村郷 （大鳥）	大村値	高蔵寺	陶器千塚 伏尾古墳群	大須恵院 （高倉寺）
陶器山 （MT）	大村郷 （大鳥）	荒田値？	辻之 陶器北	陶器千塚？	—
栂 （TG）	上神郷 （大鳥）	大庭造 神値	上神谷	野々井古墳群 南野々井古墳群 牛石古墳群	大庭院
大野池 （ON）	信太郷 （和泉）	信太首	信太山	信太千塚	—
光明池 （KM）	和田郷 （大鳥）	和田首	美木多 檜尾	檜尾塚古墳群	檜尾池院

注）郷名は『倭名類聚鈔』、氏族名は『新撰姓氏録』によって推定した。
関連寺院は『行基年譜』所載寺院のうち、関連があるものを抽出した。

図49●文献による陶邑の郷名と居住関連氏族の推定

池および光明池地区が和田郷の可能性がもっとも濃い。

つぎに居住氏族について、『新撰姓氏録』から、陶邑地域の郷名と関連のある氏族を抜き出してみると、陶邑地域に居住していたのは、「大村直《おおむらのあたい》」が大村郷に、「大庭造《おおばのみやつこ》」が上神郷に、「神直《かみのあたい》」が上神郷に、また「和田首《わだのおびと》」が和田郷にそれぞれ居住地を求めることができる。「荒田直」は『延喜式神名帳』にある「陶荒田《すえあらた》神社」の主たる氏子の可能性が濃く、その所在地から大村郷が居住地であることが推定される。

以上のように、須恵器生産が活発におこなわれた地域である陶邑地域に居住していたのは、大村郷の大村直、荒田直、上神郷の大庭造、神直、和田郷の和田首である。

そこから共通する点がいくつかある。その第一は、和田首、神直、大庭造、大村直という丘陵部分に居住し、須恵器生産に関わったとみられる中心的な氏族の祖先伝承が近似することである。彼らの共通する祖先が「神魂命《かんむすびのみこと》」であり、そこから派生したとされていることである。

第二に、それらの伝承が紀直《きのあたい》氏と同族系譜に連なることである。また荒田直、坂本朝臣についても紀伊地域と関連をもっており、陶邑地域と紀州地域の氏族、とくに紀直氏との関連はかなり濃いとみることができるだろう。

第5章　型式編年の方法と陶邑編年

須恵器は、その伝播からわずかの期間で、全国的に広く用いられるようになっていった。このため古墳時代後期の遺跡からは、ほとんど例外なく出土する。このことが遺跡の年代を推定する重要な手がかりにもなる。すなわち、それが使用された期間の時期的な指標に用いられているのが、須恵器の形態の変化を利用した型式編年である。

陶邑では、須恵器そのものを生産していたから、消費地のように、入手から廃棄までの伝世資料のもつ経過年数を考慮しないでよい好資料である。

さらに五世紀から一〇世紀まで連綿と生産が続いたことも重要である。時期的な断絶があれば、当然編年表のなかに大きく空白期間が生じるが、ここではその空白期間がきわめて短いか、存在しない。

このように好条件にめぐまれているとはいえ、資料の分析にはその手法、視角が重要である。以下、筆者がおこなってきた陶邑の型式編年について簡単に記述する。

1　編年の条件

連続性の確認

連続性があるかどうか。資料とする須恵器の差がいくらみられたとしても、それらが明らかに連続しているものでなくてはならない。むろん連続関係といっても、つぎつぎと鎖のように連なっているのが理想ではあるが、必ずしもそのようにはならないことが多い。

須恵器の生産場所たる窯で、その連続性の確認はおこなえる。すなわち、窯での生産が連続して間断なくおこなわれているか、あるいは断続的におこなわれたのかは問題ではない。その生産にともなって放棄された須恵器の堆積状態から、前後関係は少なくとも把握可能である。もちろん物原《ものはら》あるいは灰原での堆積状態には問題があると考える方には、窯の床面での上下関係、すなわち層序関係に注目することによって、その弊は除かれる。

規格性の確認

連続して須恵器の存在が明らかになると、つぎに、それらがそれぞれの段階で同じ規格のもとに作られているという事実の確認が必要である。すなわち、このことは異なる地域から出土する須恵器についても、一定の型式編年を適応可能であるかどうかという判断の重要な材料となる。

これはいくつかの複数の窯からの須恵器について同じ型式、段階とみられるものを比較することによって明らかとなる。**図50**は、異なる地区の窯から出土した同じ型式に属する蓋杯（杯身）を計測して平均値を出し、その五地区での偏差を計算したものである。これによると五地区の値はかなり似ており、地理的には離れているが、同じ規格で作られている可能性が濃いことがわかる。

すなわち、須恵器の製作には一定のものさしが用意されており、それによって規格（法量）の統一がなされていたと考えられる。なお焼成によって一〇～二〇パーセント程度の縮小がみられたとしても、いずれの須恵器製品にもみられる現象であり、統計値には問題はない。

類形の抽出と分類

窯からは大量の須恵器が出土するが、その大半は失敗品を捨てた灰原（物原）からのものである。しかし、それらから型式編年の材料を求めるほかはないのである。とくに型式編年の資料として提示し、大方の理解を得るには、破片であっても全体が推定できるものでなくてはならない。すなわち細かな破片を羅列しても、当該遺跡の狭い範囲内では理解可能かもしれないが、広く適用可能あるいは類例を求めるには相当な困難がある。

遺跡名		深田	A号窯	B号窯	C号窯	D号窯
標本数		94	52	85	67	181
標本平均	口　径	10.7	11.611	11.295	11.241	11.617
	器　高	4.8	4.73	4.832	4.932	4.567
	たちあがり	1.8	1.193	1.791	2.031	1.894
	受部径	13.1	13.39	13.158	14.701	13.086
標準偏差	口　径	0.8	1.17	1.25	1.49	0.82
	器　高	0.6	0.59	0.37	0.33	0.42
	たちあがり	0.3	0.27	0.37	0.15	0.16
	受部径	1.0	1.20	1.17	1.21	0.71

図50 ● 地区ごとの蓋杯（杯身）の計測値の比較
たいへん似かよっており、一定の規格があったと考えられる。

ここでいう類形というのは、類似する細部形態をもつ同一の器種を示す。窯の床面では、これらのうちのごく一部が採集されるが、灰原ではそのすべての形状を復元することができる破片が採集されることが大半である。すなわち、明らかな絶対差を認める床面の遺物と灰原の遺物との比較によって、床面資料をより具体的に示すことが可能となる。

たとえば、床面下層第二層採取の遺物と第六層採取のものとでは、明らかに時間的な前後関係がみられる。灰原では失敗品を含む放棄品が多数出土するが、上下に大きく攪乱《かくらん》されることが多く、層の上下関係から時間的な差を確認するのは困難である。しかし、各窯の床面から採取した遺物の特徴と灰原のものとが一致すれば、これら攪乱に近い遺物群も重要な編年資料としての性格を帯びてくる。

また、類形がいくつあるかをみることと、床面や貼り壁などの補修痕跡から、推定される焼成回数（火入れの回数）が明らかとなる。

図51 ● 床面に残された蓋杯など
窯跡に放棄されていた製品は、同時に焼成されていた各器種が確認できる最高の資料である（MT206－Ⅱ号窯跡、5世紀）。

もちろん、窯での焼成作業が複数ではない例も少数ではあるがみられる。さらに焼成作業中に天井が崩落したことによって放棄せざるをえなかったものもある。後者の場合は、明らかに同時に焼成されていた各器種が確認できる最高の資料である。この例としてはＴＫ321号窯、ＭＴ206―Ⅱ号窯などがある（図51）。これらによって、同じ時期の同じ器種であってもわずかな形状差がみられる。この差は作り手によるもの（工人差）で、時間差ではないことは明らかである。

いずれにしてもこのような細かな検討を愚直に重ねていくことによって、陶邑窯出土須恵器の型式編年が完成したのである。ここでの編年はたんに当該遺跡群の年代推定のものさしとしてのみの利用にとどまらない。誤解を恐れずに記すと、須恵器の使用された時代の、また須恵器を出土する遺跡の年代推定に準用可能なものさし、あるいは年代の基準となるだろう。

2　絶対年代との対応

考古学の年代観は相対年代であり、遺物相互の時期的前後関係は明らかにされるが、その年代は付与されない。たとえば「Ⅰ型式1段階の須恵器は、Ⅱ型式3段階のものよりは明らかに古い」といえるが、Ⅰ型式1段階が西暦何年かあるいは五世紀前半あるいは第2四半期などというような年代は付与されていないのである。しかし、歴史学としての考古学を志向する場合、各型式あるいは段階に対応する絶対年代の提示は必要である。

遺物に年代を付与する場合、つぎのような条件が満たされていれば付与できる。第一には、遺物そのものに年代が記入あるいは刻まれている場合である。福岡県大野城市所在の牛頸ハセムシ窯跡から「和銅六年」などとヘラ書きされた須恵器甕が出土しており、これによって同時に採集された須恵器の年代が明らかになった。ただし筆者の経験では、この例はきわめて少ない。

第二に、出土遺構の年代が知られている場合である。たとえば、奈良県飛鳥寺跡の整地層から出土した須恵器は、飛鳥寺創建前に整地された層からの採取であることから、『日本書紀』の記述と照らし合わせて、五八八年以前の資料と解される。

第三に、関連資料と同時に出土している場合である。これは第一の例と似ているが、須恵器そのものには刻まれていない場合である。この例には、平城宮跡出土の例が多くみられる。すなわち平城宮では木簡に年代が記載されている場合があり、伴出する須恵器などの遺物の年代が明らかになっている。

第四に、年代ではないが何らかの文字が記載されており、それから年代が推定されるものである。陶邑窯ＴＫ313・314号窯出土須恵器の鉢の側面に「施五升直銭册文」とヘラ書きされていた例である。この文字は物価状況との比較から、これが生産された時代の困窮度の深刻さが落書として示されたと推定され、その年代が天平宝字六〜七年（七六二〜六三）頃と推定された。

このほかにも鉄刀や鉄剣などにみられる銘文から年代が推定され、それらと伴出した須恵器にそれぞれ年代が付与されている。

3　陶邑編年の各型式・段階の特徴

こうした条件によって、出土須恵器について、Ⅰ～Ⅴ型式に大別し、さらに二〇段階に細分している（図52）。これらの区分の指標となる器種は蓋杯が中心である。以下、各型式段階の特徴を指標となる蓋杯などの形状を中心に、図52を参照しながら記述する。

Ⅰ型式（五世紀前半～六世紀初頭）

Ⅰ型式は、１段階から５段階まで細分している。

ちなみにⅠ型式１段階は、少なくとも従来考えられてきたＴＫ73号窯に先行するとされるＴＧ231号窯などの確認によって、先行する段階設定が必要となり、１段階を前半、後半に区分するに至った（図53・55）。

１段階前半は、わが国に須恵器の製作手法が伝播してからあまり時日を経ていない段階のものと規定している。とくに初期段階あっては、一元的に掌握されていたかどうかは明らかではない。とりわけ一定の規格に基づく製作ではないと考えられ、形も手法もそれぞれの窯によって異なるという特徴をもつ。蓋杯とよばれる器種ついては、当該段階においては後にみるような主たる生産器種にはなっていないことがＴＧ231・232号窯の出土遺物の検討から明らかである。一方、高杯は当初から比較的多く確認されており、その背景には、須恵器生産を伝えた側の状況に準じたものと理解される。

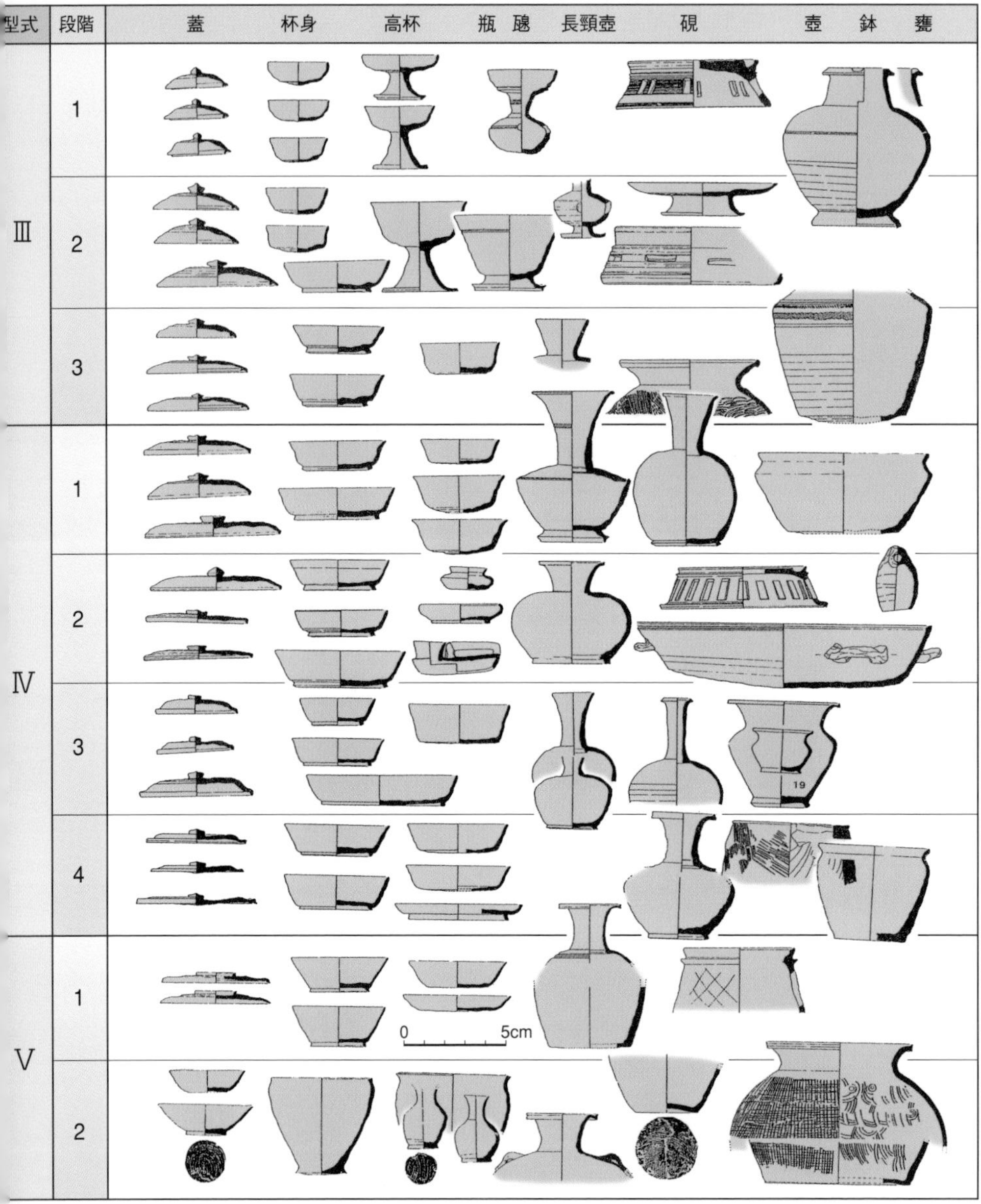

図52 ● 陶邑の須恵器の型式編年
各器種によって、「段階」とする小分類では、蓋杯など器形変化の微妙なものやほとんど差異のないものなどさまざまである。「型式」という大区分からみると、いずれも大きく変化しているのが理解されるだろう。

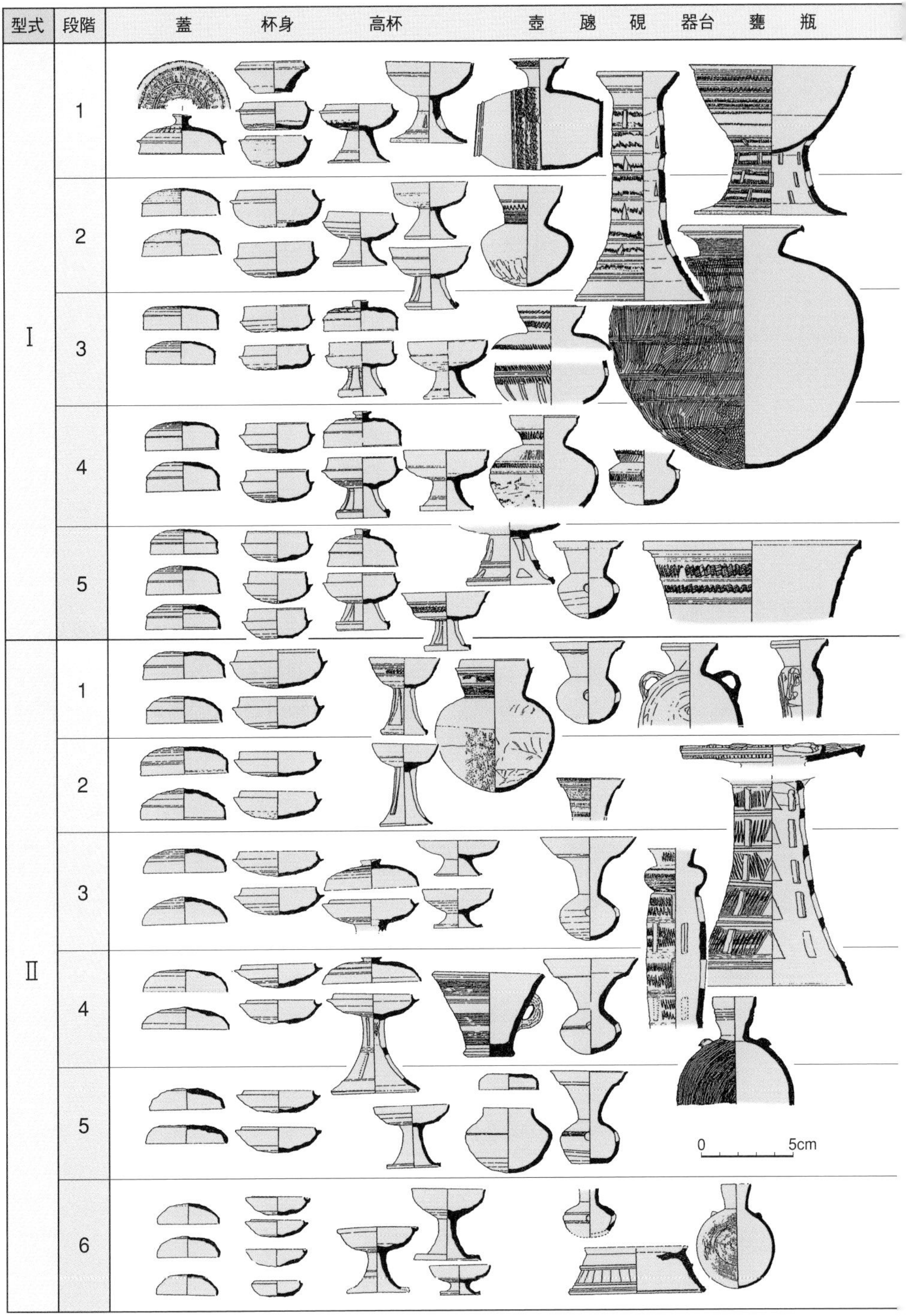
型式
段階
蓋
杯身
高杯
壺
𤭯
硯
器台
甕
瓶
Ⅰ
1
2
3
4
5
Ⅱ
1
2
3
4
5
6
0
5cm

やがて1段階後半以降、蓋杯は主たる生産器種となってくる。なおTG231・232号窯の出土遺物に占める割合が多い器種は、保水性に富む大小の貯蔵容器であった。それらは、須恵器導入の経過からみても当然のことである。さらにTG231・232号窯の出土遺物より後出段階の1段階後半（TK73・85号窯出土遺物）では、大小の貯蔵容器ばかりでなく器台や高杯についても器形の簡略化、器形の統一化の傾向がみられる。

1段階の前半、後半では、とくに前半の各窯では形状変化が著しいように思われ、後半以降とは大きなへだたりを感じる。そのへだたりは、I型式2段階以降の段階変化に相当する時間的な差によるものではなく、同一段階間における急激な差あるいは個体差とみるのが妥当であろう。とくに1段階後半期に分類されるTK73号窯出土遺物についてみれば、同じ後半期のものがすべて含まれているのではなく、1段階から3段階までの特

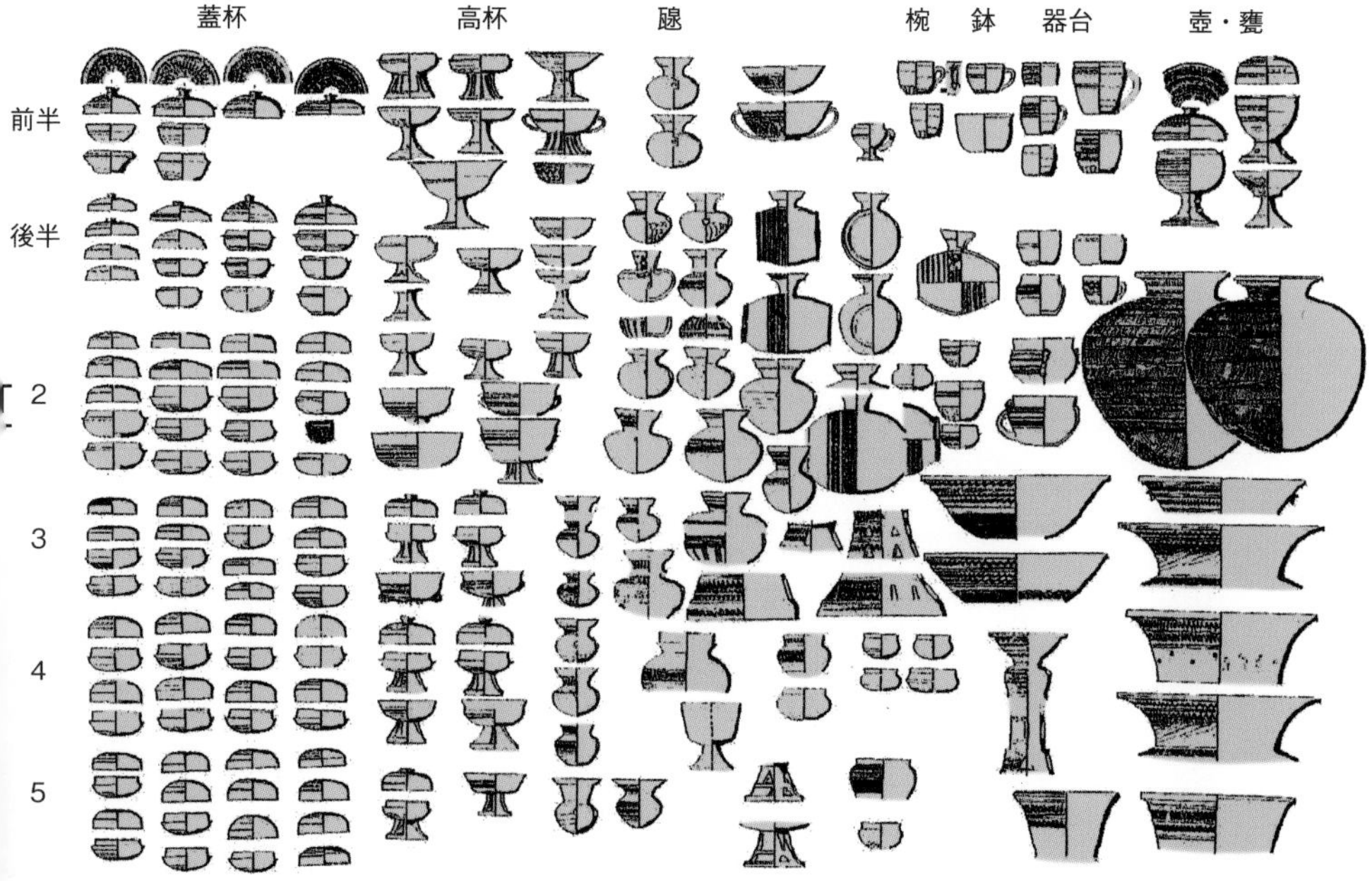

図53● I型式須恵器編年表

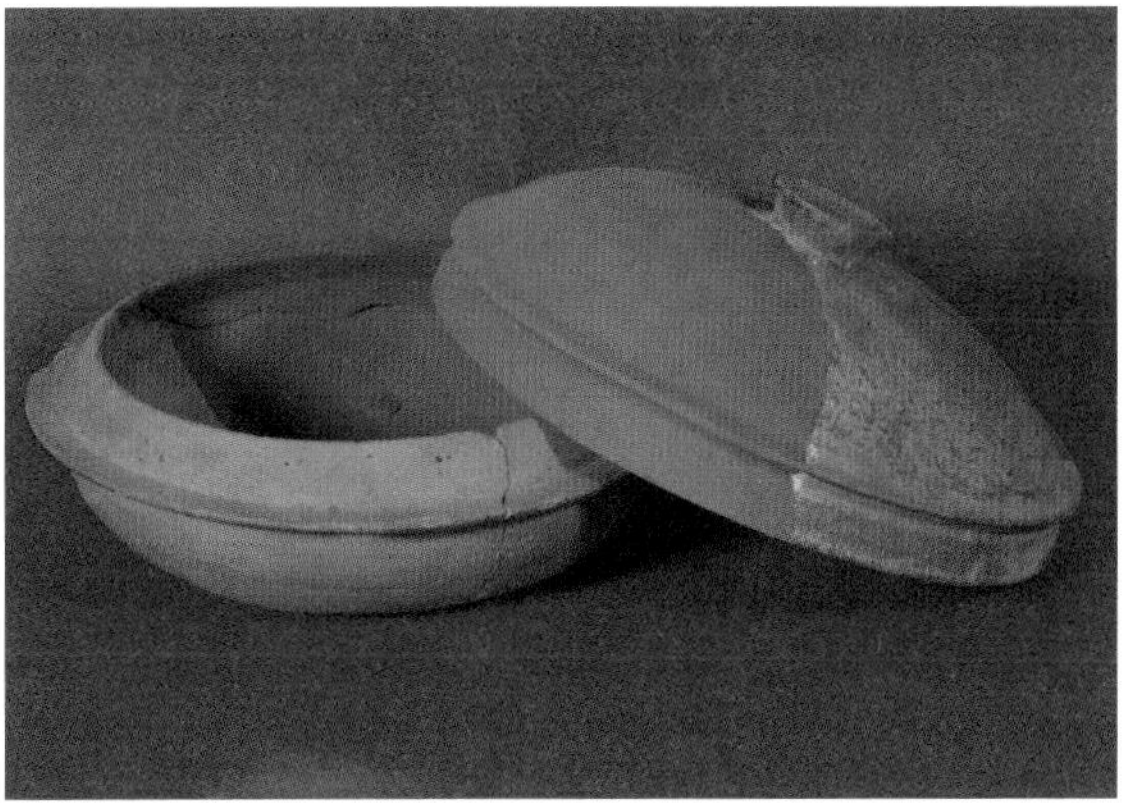

図54 ● 初期の蓋杯（Ⅰ型式1段階後半、5世紀前半）
この段階は、床ごと、つまり焼成段階ごとに形状が変化する状況がみられ、一定しないものが多い。この段階では、蓋杯の蓋の天井部につまみをともなう。

徴を備える時期のものがみられる。またこれらの段階差は床面ごと、あるいは焼成回数ごとにみられる大きな変化（差）である。それは生産者のおかれた環境の変化にともなうのであり、そこに日本化すなわち器形

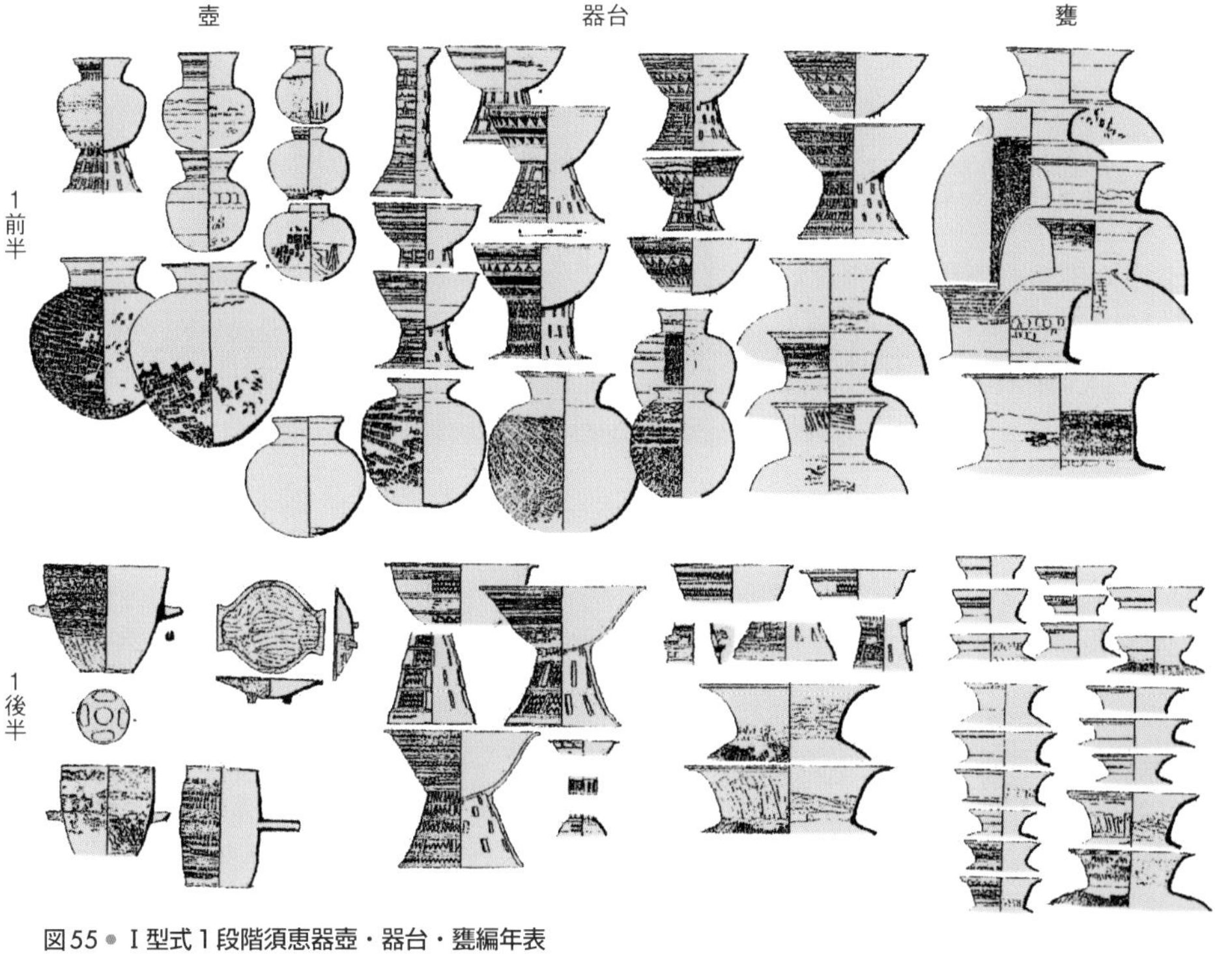

図55 ● Ⅰ型式1段階須恵器壺・器台・甕編年表

の統一化のきざしをみる。

Ⅰ型式1段階前半　TG231・232号窯の出土遺物がこの段階に相当する。この段階の大きな特徴は朝鮮半島の陶質土器との形態上の差がほとんど認められないことである。器種構成も小型器種が少なく、中・大型甕（壺）などの貯蔵容器が多い。この傾向は後半期にもみられるが、とくに蓋杯の量が極めて少ないのは目立っている。

《TG231・232号窯、大庭寺遺跡、濁り池窯出土遺物》

図56●無蓋高杯（Ⅰ型式2段階、5世紀中葉）
全体の形状にシャープさが目立つ段階のものである。把手も輪状に大きく表現されているが、時期の下降とともに形骸化する。脚の窓は三、四方などあるが、後者が古く、初期のものでは多窓のものもみられる。

図57●大型𤭯（Ⅰ型式2段階、5世紀中葉）
体部側面の円孔に竹管を入れて注ぎ口とした例が、堺市四ツ池遺跡などで出土。大型、小型にかかわらず形状は同じである。初期段階のものは体部最大径と比較して口径が小さい。やがて外面に波状文や刺突文などの文様が施されるようになる。

I型式1段階後半　前半期に比較して日本化の兆候がみられる段階で、ＴＫ85・73号窯出土遺物がこの段階に相当する。しかし依然として陶質土器の影響は色濃く残っており、前半と同じく床面ごと、あるいは焼成回数をおっての形態変化は著しい。ただし蓋杯の生産は前半と比較して多くみられるようになる。

《ＯＮ223・ＴＫ73・83号窯出土遺物》

I型式2段階　この段階は、須恵器の日本化傾向が著しく進む。一方、陶質土器にみる半島的な文様や特徴も随所に残る。生産される器種についていえば前段階とほぼ同じであるが、小型製品の量が増加する反面、貯蔵容器の生産が少なくなっていることがわかる。

《ＴＫ103・305―1号窯、ＴＫ216号窯、蔀屋北遺跡、大山古墳出土遺物》

I型式3段階　この段階の器種は明らかに日本化したといえるものが大半を占める。すなわち陶邑全域の生産にもその傾向が広くいきわたった統制により、形状はもとより、法量・規模の同じ製品がつくられるようになった。その背景には一元的供給体制の成立が考えられる。また前の段階まで色濃く残ってい

図58● 大山古墳東側造出し採集の甕（I型式2段階、5世紀中葉）
大山古墳くびれ部出土大甕である。くびれ部の祭祀にともなうもので、墳丘完成後（埋葬後）のものとみられ、若干時期が下降すると考えられる。

た半島系陶質土器の意匠や文様などは姿を消し、陶邑全体で共通する文様・意匠によって生産されるようになる。すなわちこの段階から統一された規格品となっている。《TK49・66・208号窯、MT70号窯出土遺物》

I型式4段階　日本化のはじまりというような強い印象を与える製品は少なくなり、すでにそれらは定着した印象を与える。画一性が蓋杯などにみられる一方で、やや手法の粗雑さもみられるようになる。砂輪と蓋の稜線や杯受部にみられた鋭意さは姿を消しつつあるようにみえる。高杯、𤭯、壺、甕などの機種は継続して生産されているが、樽型𤭯など姿を消す器種もあり、全体的に器種量は減少する。《TK232・66・42・37号窯、稲荷山古墳出土遺物》

I型式5段階　蓋杯などの簡略化が進行する段階。とくに蓋杯は極端に小型化するものもみられ、矮小化という表現が適切であるほど雑な手法、仕上げが目立つ時期でもある。なお高杯の長脚化のきざしがみられ、大きく器形

図59● 無蓋高杯（I型式4段階、5世紀後半）
無蓋高杯も初期段階から時期が下ると、杯底部が浅くなり、全体にシャープさがみられなくなる。

図60● 埼玉稲荷山古墳出土有蓋高坏（I型式4段階、5世紀後半）

の変革がおこる可能性を示唆している。

《ＴＧ37号窯、ＴＫ２号窯出土遺物》

Ⅱ型式（六世紀前半〜七世紀前半）

Ⅱ型式は１段階から６段階までの六段階に細分することができる。この時期には須恵器は完全に日本のやきものとしての地位を確立している。とくに、この期間は群集墳に代表される大量の古墳が築造される。したがって、それらへの供給のため需要が拡大しており、それにともなう各地域の生産拠点の成立も本格化する。なお、この段階から須恵器の商品流通がはじまるとみてよいだろう。

Ⅱ型式１段階　Ⅰ型式５段階で矮小化が極限に至っていたが、この段階から蓋杯の口径は再び大きくなってくる。杯身のたちあがりは低く、端部は丸く仕上げられている。蓋の稜もかつてのシャープさは失われ、形骸化しつつある。

高杯では、従来の脚よりも長い、極端ともみえる長脚化が顕著に顕われる段階で、この傾向は２段階まで継続する。

𤭯は、口縁部の口径と体部最大径がほぼ同じという形状になり、体部は中位に最大径を求める球体をなし、口頸部外面にみえる波状文様は粗なものとなる。樽型𤭯の系譜を引く横瓶の肩部には大きく輪状をなす把手が貼付される。

提瓶は、扁平な体部の側面の肩に輪状をなす把手があり、横瓶の形状と共通する。

《ＴＧ39―１号窯、ＫＭ113号窯出土遺物》

Ⅱ型式2段階　1段階と同様、相当短い期間で終息した可能性が高い。蓋杯、高杯のごとく短い期間で変化する器種を除いて、1段階の状況とほぼ同じである。蓋杯では、口径が最大になる時期である。口径の長大化に対し、たちあがりは低く丸く仕上げられており、蓋外面の稜も形骸化がいっそう進み、沈線がめぐる。全体に調整は粗くなりヘラ削りの幅も広くなる。内面に叩きの痕跡がみられるのは1段階と同じである。

《TG44―1号窯、TN5号窯出土遺物》

Ⅱ型式3段階　群集墳とよばれる大量の古墳が全国的に築造されはじめてからは少し時期を経た段階であるが、その需要の増大はピークに向かっている。

蓋杯の口径が2段階のものに比較すると、やや小さくなる傾向がある。器高は低くなり全体として丸みをもつ。蓋は天井部が丸く、稜の痕跡がわずかに角ばった部分にみられるものもあるが、多くは丸くなだらかで痕跡すらみられないものが多い。杯身のたちあがりはいっそう低くなり内傾し、端部は丸く仕上げられている。

高杯では、杯部の形状は蓋杯の反映とみてよいだろう。蓋の有無にかかわらず長脚二段透かしの形態がみられるようになる。また台付長頸壺（**図61**）などもみられるようになる。

図61 ● 台付長頸壺（Ⅱ型式3段階、6世紀前半）
初期段階では壺と器台の組合せで構成されていたが、この時期では両者が合体した新しい形状を生み出す。時期的にさかのぼるものは脚が長く、透かし窓も2段で明瞭だが、新しくなるとともに脚は短く、透かし窓も形骸化していく。

𤭯は、口縁部の口径が体部最大径よりはるかに大きく、体部は中位に最大径を求める球体をなし底部は丸い。また一部には底部に高台を認めるものもある。

提瓶は扁平な体部の側面の肩に輪状ないしは鍵状をなす把手がみられるが、後者のほうが新しい。器種としてはこのほか短頸壺、器台、すり鉢、甕などがみられる。

《TK43—1号窯、檜尾塚原古墳群出土遺物》

Ⅱ型式4段階　3段階と比較して、器種および生産量には大きな変化はみられない。もっと特徴の観察しやすい蓋杯（**図62**）では、口径に変化がほとんどないのに対し、器高が著しく低く、扁平な印象を与える。たちあがりは低く内傾し端部は丸い。天井部、底部外面にみられるヘラ削りの範囲が二分の一以下となり仕上げ調整が雑となる。

高杯では、三方向の長脚二段透かしの形態がみられる。

図62 ● 蓋杯（Ⅱ型式4段階、6世紀後半－7世紀）
蓋の天井部には稜をめぐらさず丸く仕上げられている。杯身は底部が浅く丸く、全体に扁平な印象を与える。飛鳥寺下層出土須恵器がこの段階に相当する（図6の再掲）。

図63 ● 有蓋高杯（Ⅱ型式4段階、6世紀後半－7世紀）
杯部のたちあがりは蓋杯の杯身と同じ形状をなす。底部中央に脚を貼付するが、脚には長いものと短いものがあり、写真は短脚の例である。

𤭯は口頸部が長く外反し、口縁部の口径が体部最大径よりはるかに大きい、体部は中位に最大径を求める球体で小型化する（図64）。

提瓶は扁平な体部側面の肩に、輪状ないしは鍵状をなす把手をともなう。器種にはほかに短頸壺、器台、すり鉢、甕などがある。

《KM114号窯、TG51号窯、鳥寺下層出土遺物》

Ⅱ型式5段階　蓋杯の口径にみる矮小化が再びみられるようになる。全体に丸く、たちあがりは低く、底部や天井の仕上げはおこなわれず、回転ヘラ切りというようなロクロ切り離しの手法が特徴的になる。これらは大量需要に対応する省力化の一つで、粗雑な製品という印象はぬぐえない。その粗雑さが最大限に進行した段階が、つぎの6段階になる。

高杯では、長脚二段透かしの形態が継続するが、透かしの方向が二方向あるいは線刻のみという形骸化した形状のものもみられる。

𤭯は口頸部が長く外反し、口縁部口径が体部最大径よりはるかに大きく、底部が平らである。提瓶は扁平な体部の側面の肩にボタン状をなす把手の痕跡がみられる。台付長頸壺の台部は低く、4段階までにみた例はみられない。器種としてはこのほか短頸壺、器台、すり鉢、甕な

図64●小型𤭯（Ⅱ型式4－5段階、7世紀前半）
この時期のものは口径が体部最大径よりも大きく、口頸部も長く大きく開く。外面には文様をほとんど施さず、円孔の位置も少し下方である。

ど、前段階よりは多い。

《TG63・68・65号窯、箕谷2号墳出土遺物》

Ⅱ型式6段階　新しい器種、形状のものが多く登場する。すなわち、この時期には新しい技術者の参加があったことをうかがわせる。また、蓋杯がもっとも矮小化する段階でもあり、杯身のたちあがりが極端に低くなり、最終的には口縁部がわずかに内側に曲げられたのみという杯身が登場する。蓋と同じ形状のものが蓋と杯身に用いられる例もみられる。

高杯は有蓋器形では短脚が主流となり、長脚はきわめて少なくなる。𤭯の形状は5段階とほぼ同じである。提瓶は扁平な体部の側面の肩にボタン状をなす把手の痕跡がみられる。平瓶や硯など新しい器形のものがみられ、類似形状でも法量の大小による種類が多くなる。

《MT206—1号窯、TG32・68号窯跡出土遺物》

Ⅲ型式（七世紀前半〜七世紀後半）

Ⅲ型式に該当する時代は、律令政治の本格的な胎動が開始された段階といえる。国際的には百済の滅亡や統一新羅の成立があり、これに前後して大陸からの大量の渡来者の存在など、外的にも大きな変革を予期する時期でもあった。

すでに伝播していた仏教文化をはじめ新しい大陸文化は、この時期に導入を余儀なくされたのであろう。須恵器生産でもこの状況に差はない。

Ⅲ型式1段階　先のⅡ型式6段階との違いは蓋杯において顕著である。従来の蓋が身となり、杯身が蓋となる。ただし、かつてのたちあがりではなく、蓋内面にみるかえりとして形状が存続し、天井部には乳頭状のつまみが貼付される。杯身は、徐々に従来の蓋の形状から杯身の形状に変化していき、底部が平らとなる。ただしこの段階では端部には高台はともなっていない。

高杯は、杯部に蓋杯の杯身と同じ形状のものをともなうが、有蓋器種は少なくなる。器種の豊富さは前段階の例とほぼ同じで、硯や陶棺、台付鉢、すり鉢、長頸壺、甕など多様である。

《TG68・222号窯、小墾田宮推定地SD050東部下層出土遺物》

Ⅲ型式2段階　蓋杯では、杯身底端部に高台が登場することや、蓋のつまみの擬宝珠様への変化、かえりの長さが短くなることなど微細な変化があり、口径などの法量が少し大きくなっていく傾向にある。器種の多様さについてはほとんど前段階に比較して遜色ない。甕の口頸部外面には従来の波状文に加えて、1段階前後から斜めヘラ描き文様が施されている。

《TG55・76号窯、TK36号窯出土遺物》

Ⅲ型式3段階　蓋内面のかえりが極端に退化し、形骸化する様相を示す。杯身の底部にみられた高台の高さは低く、幅も狭くなる。器種は従来ほどの多様さはみられない。形状変化の少なさから、この段階の須恵器の生産期間は相当短くなっているものと考えられる。器種として

図65 ● 平瓶（Ⅲ型式1段階、7世紀前半）
丸く扁平な体部の一方に偏して口頸部をつける独特な形状をもつ器種。初期段階は図11のように輪状の把手をもつが、時期の下降ともに形骸化し、省略されることもある。体部はやがて8世紀には角張った形状となり、把手も復活する。

は蓋杯、高杯、横瓶、台付長頸壺、短頸壺、平瓶、甕などである。

《ＴＫ310、ＴＧ222号窯、藤原宮ＳＤ1901Ａ下層、大官大寺下層出土遺物》

Ⅳ型式（七世紀末〜八世紀後半）

Ⅳ型式は、都が藤原宮から平城宮へ遷都し、文字どおり律令制古代国家の成熟期に入った時期である。全国的に政治、経済、文化の分野でほぼ統一されたと考えられる段階でもある。これにより各地域では地方政治機構の整備充実が本格化し、これにともなうさまざまな消費の拡大がある。須恵器も例外ではなく、地方での生産拠点の成立も相次いだ。一方、陶邑地域でもこれら需要の拡大にともなう供給の確保に向けた生産活動が活発化している。

Ⅳ型式１段階　各地域の生産拠点の設置も本格化する。たとえば北部九州地域では、大宰府に近接して牛頸窯がこの段階には本格的な操業段階に入っている。陶邑窯でも全国的な需要に対応した生産の拡大が認められる。とくに器種、生産量ともに全期間のなかで最盛期としてよい。

蓋杯（**図66**）では、蓋の内面にみられたかえりが姿を消し、天井部は高く丸みをもち端部に向かってなだらかな曲線をなす。つまみの形態も扁平な擬宝珠形状のものが大半を占め、その径はⅣ型式段階ではもっと

図66●蓋杯（Ⅳ型式１段階、７世紀－８世紀前半）
蓋のつまみは扁平な擬宝珠様となり、内面のかえりはみられない。杯身の底部には前の型式からみられるようになった高台が貼付されている（図６の再掲）。

も大きい。一方、杯身については器高に比較して高台の高さは低く、端部から内側に貼付されていたものが徐々に端部に近づいている。高台をともなわない杯も大小さまざまな法量のものがみられる。これらは法量の差異が杯、椀、皿などの器種名の差に反映しているとみられる。

鉢には、鉄鉢型といわれる僧侶が托鉢で用いる金属製の鉢を模倣した金属模倣形態のものがみられる。また長頸壺では、体部の肩の張りがあるものとなだらかなものとが併存するが、前者はこの段階でみられなくなり、後者が主流となる。広口壺では口径が体部径より小さい。このほか器種には高杯、硯、平瓶、すり鉢、長頸壺、短頸壺、甕などがみられる。《TG55・70号窯、TK321号窯、牛頸ハセムシ12地区窯跡出土遺物》

Ⅳ型式2段階　1段階との差はほとんどないと考えてもよい段階である。しかし厳密にみると、やはり少しの変化はみられる。

蓋杯は、蓋の天井部の高さが低くなり、丸みが比較的少なく平らな印象を与える。杯身は器高が低くなり口径が大きくなる傾向を示し、やや横に拡大した印象を与える。

皿の底部に高台を貼付した盤や高台をともなわない杯、口径の大きい皿などがみられる。長頸壺では頸部の接合方法が三段接合のものが目立つ。また水瓶のように金属模倣の形状もある。

図67 ● すり鉢（Ⅳ型式1段階、8世紀前半）
内面に条痕がみられないのですり鉢とするよりも練り鉢とすべきかもしれない。口縁部に注口がもうけられている。

広口壺では口径が体部径より広いという形態がみられる。器種には、高杯、硯、平瓶、長頸壺、短頸壺、たこ壺、甕などがみられる。《ＫＭ22・51・209・301号窯出土遺物》

Ⅳ型式３段階　律令制社会もようやく浸透してきた時期に該当するとともに、そのさまざまな矛盾も多く浮上してきた段階である。とくに自然災害の影響もあって、各地で飢饉が発生しており、その影響を須恵器生産者もこうむっていたようである。この段階には陶邑での生産はすでに最盛期を越えており、徐々に衰退段階に入りつつある。

蓋杯の蓋は天井部が平らで、周囲から先端部で大きく下方に曲げられ「Ｚ」字状をなすものが大半となる。つまみも扁平で、一部に輪状をなすものがある。杯身は高台の貼付部分が底端部に移動し、その幅も狭く高さも低くなる傾向を示す。蓋にみる輪状のつまみに対応する杯身は口縁部が「Ｓ」字状にカーブするもので、ていねいな仕上げ調整がおこなわれている特異なものである。おそらく当該器種も金属器の模倣の可能性が高いと考えられる。金属器模倣では依然として水瓶の生産が続いている。器種には、高杯、平瓶、長頸壺、短頸壺、甕などがみられる。《ＴＫ313・314号窯、平城宮Ⅳ（ＳＤ219）出土遺物》

Ⅳ型式４段階　平城京から平安京への変遷過程に相当する。須恵器生産の主体はすでに陶邑から東海地方あるいは播磨地方に移行している。蓋杯では蓋にともなうつまみが貼付される最終段階に該当する。蓋の天井部は低く平らで、中位から端部付近で大きく曲げられ「Ｚ」字状をなし、さらに従来の蓋と同じく端部では下方に曲げられる。杯身は底部最端部に高台が貼付され、口径の大小、器高の高低などのバリエーションは多い。器種には蓋杯、皿、杯、盤、高杯、鉢、長頸壺、短頸壺、甕などがある。

《KM245・35号窯、平城宮Ⅴ（SK2113）出土遺物》

Ⅴ型式（九世紀前半〜一〇世紀後半）

Ⅴ型式の時期は、陶邑での須恵器生産はかつての状況をしのぶことができないほど衰退し、全域で生産がおこなわれている窯は数基にすぎない。地域的にもその分布が陶器山地区の東部域に限定され、『日本三代実録』貞観元年（八五九）条にみられる、河内、和泉両国の陶器薪争いの地は当該地域で発生した事件であろう。製品そのものについてみれば、かつてほどの種類の多様さや仕上げ調整のていねいさはみられなくなっており、ロクロによって一度に引き上げる成形手法のものが多くなる。

Ⅴ型式1段階　時代的には平安時代に入っており、主たる消費地が平城京から平安京へ移行している。生産地もこれに前後して和泉から播磨に移動したと考えられる。

蓋杯のうち、蓋では天井部のつまみがほとんど貼付されない。輪状のつまみもみられるが、その例は少なく、高さはきわめて低い。杯身の形態も前段階とほぼ同様であり、底部最端部に高台が貼付される。口径の大小、器高の高低などのバリエーションは少ない。器種には蓋杯、

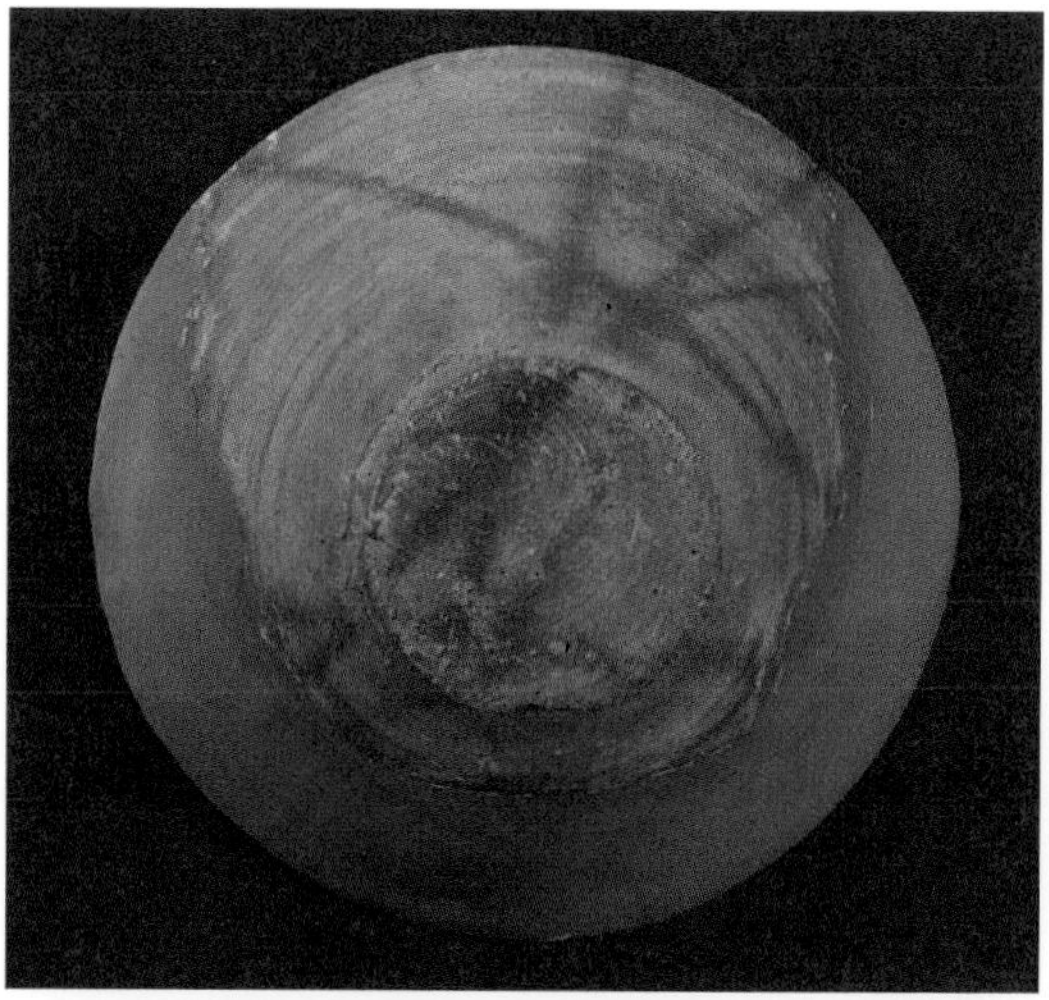

図68●糸切り未調整の痕跡（Ⅴ型式2段階、9世紀）
底部にロクロ切り離しの糸切り手法の痕跡がある。

皿、杯、鉢、長頸壺、瓶子、甕などがある。

《MT51―1・26号窯、平城宮Ⅶ（SE715）出土遺物》

V型式2段階　陶邑での須恵器生産の最終段階である。蓋杯という器種はみられなくなり、杯身としていたものは椀ないし杯となる。椀の底部にはロクロ切り離し段階の糸切り未調整の痕跡が残されている（**図68**）。甕の外面には粗な格子叩きがみられる。器種の種類はきわめて少なくなり、壺、瓶子、椀、鉢、甕などがみられる。《TK230―1号窯、札馬5号窯出土遺物》

4　自然科学との協調

考古学は人文系の学問であるとともに、自然科学系の学問としての要素も兼ね備えている。近年は考古学と自然科学との交流も活発で、多くの重要な成果も出されている。ここでは陶邑窯でおこなわれた自然科学分析について簡単に触れておこう。

木炭と植生

窯からは多数の灰、炭が採集される。薪を燃やした結果であるが、その薪の材料が何であったかを考えようとしたのがはじまりであった。灰原から採取した木炭をたんねんに顕微鏡観察し、どのような植物が燃料に使用されていたのかを明らかにしたのは、西田正規氏（当時近畿大学のちに筑波大学教授）であった。結果を**図69**に示した。

これによると、須恵器生産が開始されてからしばらくの間は、灌木が多くみられ、アカマツはほとんどみられない。しかし、生産が活発になる段階には、アカマツが大半を占めるようになる。このことは燃料を窯の近くで調達したことにより、周囲の植生がアカマツに変化したということを示す。また別の場所に移動した窯では、その状況は初期の段階のようにアカマツの含有が少ない。これは二次林としてのアカマツの存在と一次林としての灌木の存在が対比されたのである。

またあわせて、これらの時期に対応して須恵器の表面にみられる自然釉《しぜんゆう》の色調についても観察をおこなった。これによると灌木の段階ではみられなかった緑色の釉が、アカマツの段階にみられることがわかった。

粘土（胎土）の分析

須恵器がどこの窯で焼かれたのかがわかると、その流通経路が明らかになり、研究資料としての活用も拡大する。そのためには産地の明らかな資料の分析をまずはじめねば

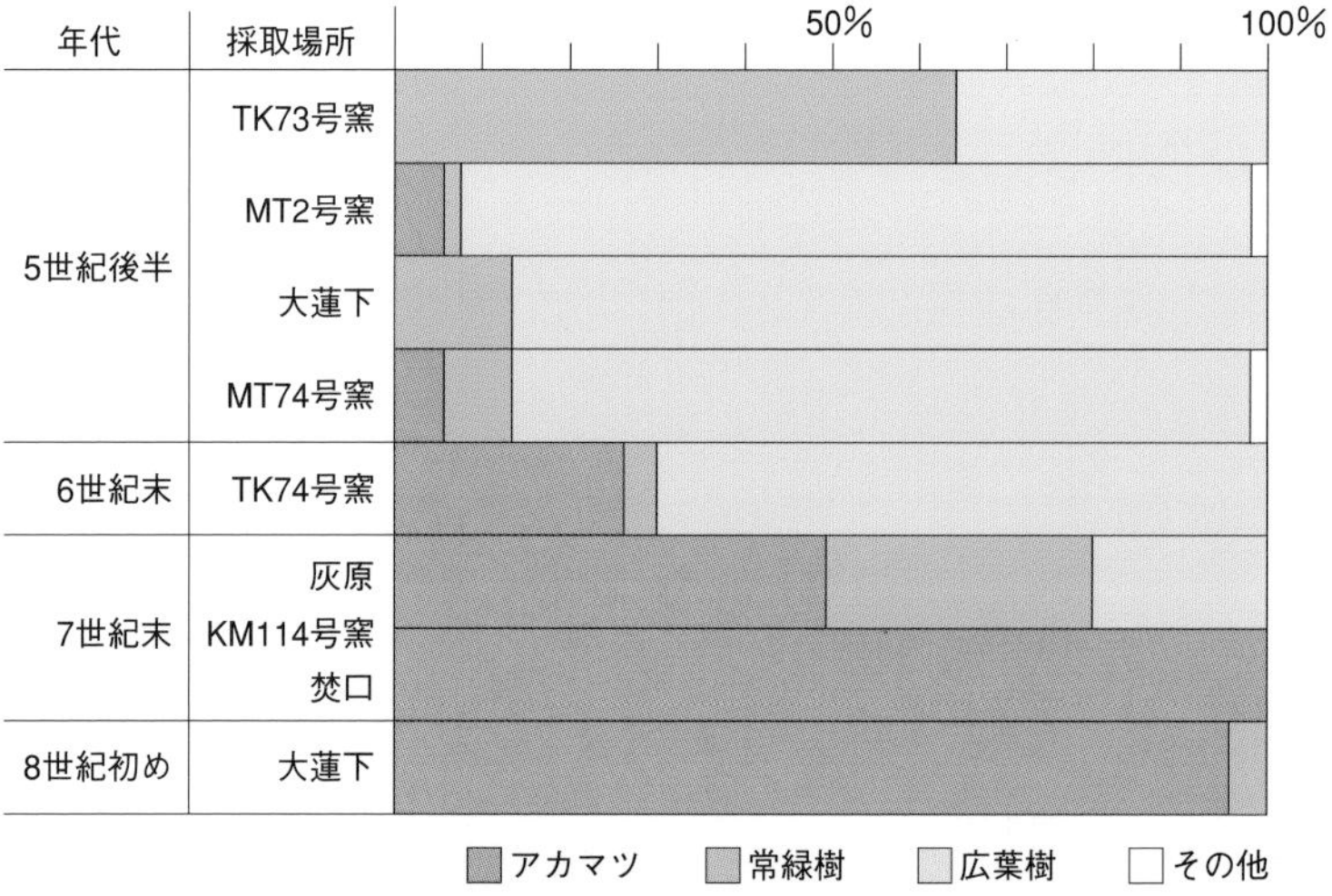

図69 ● 窯で使われた木材
須恵器生産が活発になるにしたがって、二次林のアカマツが大半を占めるようになる。

ならないとして、陶邑窯製品に注目したのは三辻利一氏（当時奈良教育大学、のちに大谷女子大学教授）であった。

分析方法も放射化分析、X線回折、蛍光X線分析法と各種の方法を重ねられた結果、蛍光X線分析法が最適であることを発見された。以来、三十有余年にわたって生産拠点が明らかな須恵器、すなわち窯出土資料の分析を重ねられ、現在ではわが国の全域をほぼカバーしうる分析資料が蓄積されている（図70）。

この研究によって五世紀後半の段階に、東北地方の岩手県内まで陶邑製品が流通していたことが明らかになった。

考古地磁気の測定

磁石が北を指すのは当然である。しかし、その北は時代によって東や西に振れていると驚かれる方もいるだろう。これは地球の回転軸が傾きをもっていることからくるものであり、天体観測による北はつねに同じ方向を指し、真北とよばれ、磁石の北は磁北とよばれる。

窯のように高温で地面を焼くと、その部分に焼かれた時代の北を指す磁石の化石が残される。これが残留磁気である。それ

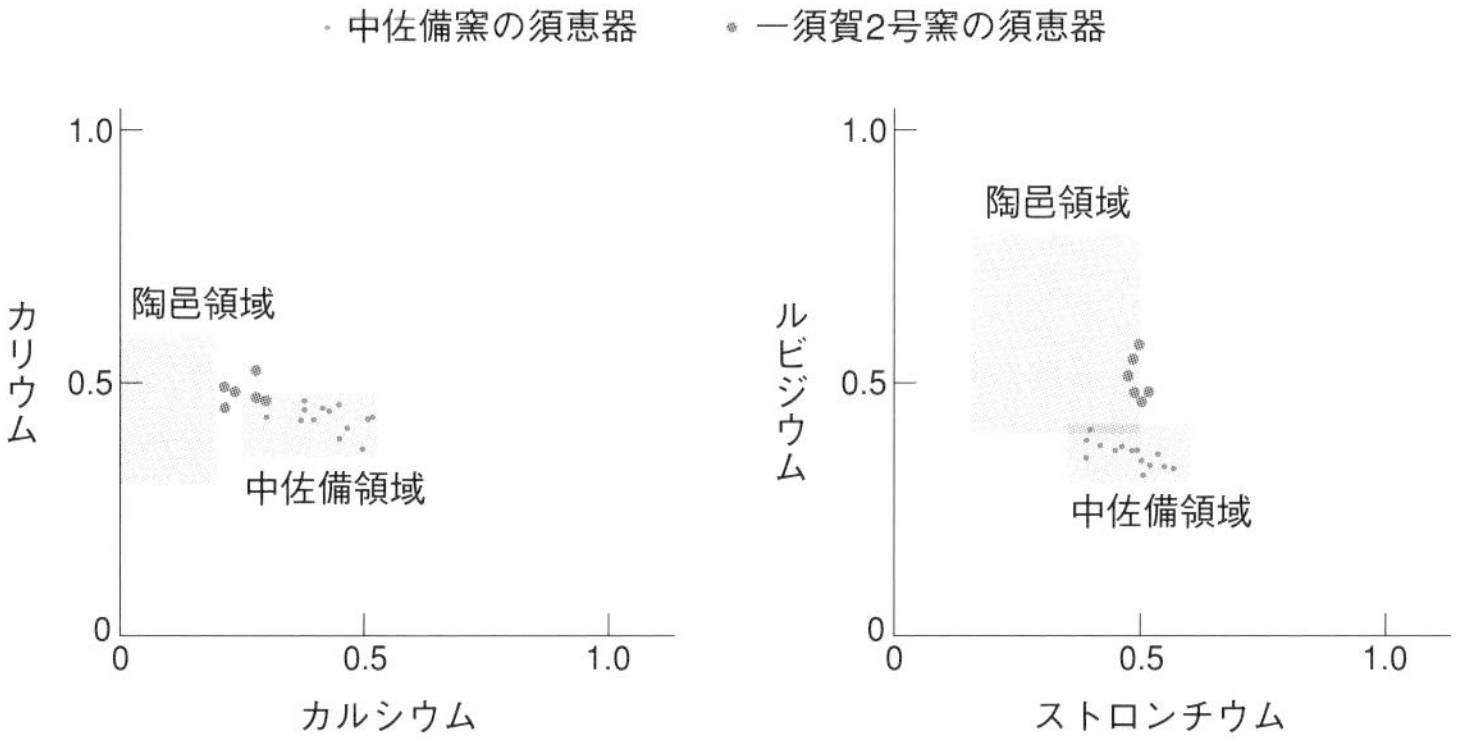

図70 ● 胎土分析の結果（三辻利一氏による）
富田林市中佐備所在の須恵器窯産と、南河内郡河南町所在の一須賀２号窯産須恵器の元素分析の結果。それに陶邑産須恵器の値がおさまる「陶邑領域」を示してある。窯によって一定の傾向があることがわかる。

を専用の機器で測定し、当時の北と真北の差を出し、比較することによって、時代による磁気の変化が確認される。そこから時代を推定しようとするのが考古地磁気法、あるいは残留磁気年代測定法である。

この方法を用いて陶邑窯の研究を進めたのは広岡公夫氏（当時大阪大学、後に富山大学をへて大阪大谷大学教授）である。たんねんに測定され整理された資料は、その後の窯跡における年代推定の基準として広く用いられている。

このほか、年代推定の手法としては熱ルミネッセンス法、放射性炭素年代測定法などがあり、年代推定法以外にもいくつかの実験がおこなわれてきた。いずれも陶邑窯で実施されており、成果も報告書にそれぞれ掲載されている。

また、産地推定法として蛍光X線分析法、放射化分析法などが実施され、現在各地の須恵器のうち陶邑製品であるかどうかの判断がおこなわれ、大きな成果を生んでいる。これらの経過や内容についても触れたいところであるが、紙幅がつきてしまった。**図71**に、放射性炭素年代推定法によって示された窯跡の年代を示し責を閉じたい。

なお、陶邑遺跡群の出土遺物は、泉北考古資料館にかわって、現在、堺市博物館に保管展示されている。

サンプル採取地点	測定値	年代
TK59 号窯 （高蔵寺地区）	1190 ± 30BP 1200 ± 15BP 1220 ± 30BP	AD760 年 AD750 年 AD730 年
TG231・232 号窯 （栂・大庭寺地区）	K1 ＝ BP1540 ± 80 K1 ＝ BP1560 ± 80	AD418 ± 80 年 AD390 ± 80 年

図71 ● 放射性炭素年代推定法
燃料として使用されていた木炭（薪）を採取して、放射性炭素年代測定法で分析した結果である。

主な参考文献

森　浩一「和泉・河内窯出土の須恵器編年」『世界陶磁全集』一、一九五八、河出書房新社
田辺昭三『陶邑古窯址群Ⅰ』一九六六、平安学園考古学クラブ
田辺昭三「陶邑の古窯址発掘記」『日本美術工芸』三四三、一九六七
中村ほか『陶邑―堺市泉北ニュータウン内泉ケ丘地区埋蔵文化財発掘調査概要』大阪府文化財調査抄報一、一九七一、大阪府教育委員会
中村　浩「和泉陶邑窯の成立」『日本書紀研究』七、一九七三、塙書房
中村　浩『陶邑・深田』大阪府文化財調査抄報二、一九七三、大阪府教育委員会
中村　浩『須恵器』考古学ライブラリー、一九八〇、ニューサイエンス社
田辺昭三『須恵器大成』一九八一、角川書店
中村　浩『和泉陶邑窯の研究』一九八一、柏書房
中村　浩『須恵器窯跡の分布と変遷』一九九二、雄山閣出版
中村　浩『古墳時代須恵器の編年的研究』一九九三、柏書房
中村　浩「阿武山古墳の被葬者について」『古代文化』五〇―六、一九九八
中村　浩『古墳時代須恵器の生産と流通』一九九九、雄山閣出版
中村　浩『和泉陶邑窯の歴史的研究』二〇〇一、芙蓉書房
中村　浩『和泉陶邑窯出土須恵器の型式編年』二〇〇一、芙蓉書房
徳田誠志・清喜裕二「仁徳天皇百舌鳥耳原中陵の墳丘外形調査及び出土品」『書陵部紀要』五二、二〇〇一
中村　浩「成立期の陶邑窯について」『紀伊風土記の丘研究紀要』一〇、二〇〇二
『陶邑』Ⅰ～Ⅳ　大阪府文化財調査報告書、第二八～三一輯、一九七六～七九、大阪府教育委員会
『陶邑』Ⅴ・Ⅵ・Ⅶ、大阪府文化財調査報告書、第三三・三五・三七輯、一九八〇・八七・九〇、大阪府教育委員会
『陶邑』Ⅷ、(『泉州における遺跡の調査』)大阪府文化財調査報告書、第四六輯、一九九五、大阪府教育委員会
『陶邑・大庭寺』Ⅰ～Ⅲ大阪府埋蔵文化財協会調査報告書、第四一・五〇・七五輯、一九八九・一九九〇・一九九三(財)大阪府埋蔵文化財協会
『陶邑古窯址群―谷山池地区の調査』和泉丘陵内遺跡調査報告書Ⅳ、一九九二、和泉丘陵内遺跡調査会
『丈六大池遺跡（ＪＲＯ―１）発掘調査報告』堺市文化財調査概要報告三、一九九〇、堺市教育委員会
『陶器・小角田遺跡』堺市文化財調査報告三三、一九八八、堺市教育委員会

遺跡には感動がある

——シリーズ「遺跡を学ぶ」刊行にあたって——

「遺跡には感動がある」。これが本企画のキーワードです。

あらためていうまでもなく、専門の研究者にとっては遺跡の発掘こそ考古学の基礎をなす基本的な手段です。また、はじめて考古学を学ぶ若い学生や一般の人びとにとって「遺跡は教室」です。

日本考古学では、もうかなり長期間にわたって、発掘・発見ブームが続いています。そして、毎年厖大な数の発掘調査報告書が、主として開発のための事前発掘を担当する埋蔵文化財行政機関や地方自治体などによって刊行されています。そこには専門研究者でさえ完全には把握できないほどの情報や記録が満ちあふれています。しかし、その遺跡の発掘によってどんな学問的成果が得られたのか、その遺跡やそこから出た文化財が古い時代の歴史を知るためにいかなる意義をもつのかなどといった点を、莫大な記述・記録の中から読みとることははなはだ困難です。ましてや、考古学に関心をもつ一般の社会人にとっては、刊行部数が少なく、数があっても高価なその報告書を手にすることすら、ほとんど困難といってよい状況です。

いま日本考古学は過多ともいえる資料と情報量の中で、考古学とはどんな学問か、また遺跡の発掘から何を求め、何を明らかにすべきかといった「哲学」と「指針」が必要な時期にいたっていると認識します。

本企画は「遺跡には感動がある」をキーワードとして、発掘の原点から考古学の本質を問い続ける試みとして、日本考古学が存続する限り、永く継続すべき企画と決意しています。いまや、考古学にすべての人びとの感動を引きつけることが、日本考古学の存立基盤を固めるために、欠かせない努力目標の一つです。必ずや研究者のみならず、多くの市民の共感をいただけるものと信じて疑いません。

二〇〇四年一月

戸沢 充則

著者紹介

中村　浩（なかむら・ひろし）

1947年、大阪府生まれ。
立命館大学文学部卒業。大阪府教育委員会文化財保存課をへて現在、和歌山県立紀伊風土記の丘館長。大阪大谷大学名誉教授。博士（文学）
主な著書　『陶邑』Ⅰ～Ⅲ（編著、大阪府教育委員会）、『和泉陶邑窯の研究』（柏書房）、『古墳文化の風景』（雄山閣出版）ほか多数。

写真提供（所蔵）
堺市広報課：図1／高槻市教育委員会：図2・3／堺市教育委員会文化財課：図34／宮内庁書陵部：図58／埼玉県立さきたま史跡の博物館：図60
上記以外は、大阪府教育委員会提供資料

シリーズ「遺跡を学ぶ」028
〈改訂版〉泉北《せんぼく》丘陵に広がる須恵器窯《すえきよう》　陶邑《すえむら》遺跡群

2006年　8月 1日　第1版第1刷発行
2023年　5月 1日　改訂版第1刷発行

著　者＝中村　浩
発　行＝新 泉 社
東京都文京区湯島1－2－5　聖堂前ビル
TEL 03（5296）9620 ／ FAX 03（5296）9621
印刷／三秀舎　製本／榎本製本

ISBN978－4－7877－2250－8　C1021

新泉社

シリーズ「遺跡を学ぶ」

016
鉄剣銘一一五文字の謎に迫る　埼玉古墳群
高橋一夫　1500円＋税

埼玉稲荷山古墳出土の鉄剣から一一五文字の銘文が発見されて四半世紀。鉄剣を授かったのは誰か、銘文に登場するワカタケルとは誰かをめぐって多くの書籍が刊行され、いまだ未解決である。本書は考古学的検証から埼玉古墳群をつくった武蔵国造一族の盛衰を論じ核心に迫る。

055
古墳時代のシンボル　仁徳陵古墳
一瀬和夫　1500円＋税

エジプトのクフ王のピラミッド、中国の秦の始皇帝陵など世界の巨大な墓に勝るとも劣らない大古墳・仁徳陵古墳（大山古墳）。そこにねむっているのは誰なのか。どのようにしてこの巨大な古墳はつくられたのか。立ち入りを許されない古墳の真の姿にせまる。

077
よみがえる大王墓　今城塚古墳
森田克行　1500円＋税

真の継体天皇陵とされる大阪府高槻市の今城塚（いましろづか）古墳。長年の調査によって、大王墓にふさわしいみごとな遺構がつぎつぎと発見された。とくに堤の張出から出土した精巧な形象埴輪群は、日本の兵馬俑ともいわれる。この埴輪群の意味を解読し、大王墓の実像を追究する。

093
ヤマト政権の一大勢力　佐紀古墳群
今尾文昭　1500円＋税

平城宮の北方に広がる佐紀丘陵に、数世代にわたって造営され続けた巨大な前方後円墳が並ぶ。巨大な古墳はすべて陵墓に治定され調査できないが、周辺の古墳を含めて一基ずつ丹念に探訪し、古墳時代前期から中期にかけて力を振ったヤマト政権内の一大勢力を追究する。

102
古代国家形成の舞台　飛鳥宮
鶴見泰寿　1600円＋税

七世紀に天皇の宮が継続して営まれた「飛鳥」。のどかな田園風景の下にはタイムカプセルのように、宮殿の遺構が保存されている。斉明朝から天武・持統朝の宮殿遺構の解明によって、天皇と群臣の関係をみなおし律令体制を確立しようとした姿をみる。